FUCHU illustration GUIDE BOOK
府中まちあるきイラストガイド

かぶらぎみなこ
Minako Kaburagi

はじめに

街歩きはワクワクします。

その場所にしかない個性豊かなお店を眺めたり、土地の歴史を感じたり、暮らしている人々と交流したり。歩く速度で街を見ると、たくさんの発見があり、そのすべてがなんだか宝物を見つけたように楽しく感じます。

この本では東京のほぼ真ん中に位置する、府中市の魅力をたくさん描いてみました。「府中」という地名を聞いた時、思い浮かべるイメージは人それぞれだと思います。お祭りが盛んだとか、歴史が古いとか、緑が多いとか。東京だけど、どこか牧歌的でゆったりとした雰囲気のある街です。

以前、この街の全貌を詳しく知りたいと思い、3年ほどかけて

すみずみまで歩き、巨大な絵地図を作成しました。今回はその絵地図を描いた時に気づいた物事に加え、新たにガイドブックとしての要素も取り入れて、様々な角度から一つの街の姿を描き出してみました。

本書では、単に店舗等をご紹介するだけではなく、普段はなかなか見られないお菓子工場の見学ルポや、長くご商売を続けてきたお店の様々な知恵や工夫などもお伝えしています。読み終わった後は、府中のお店や施設に一層の親しみを持って頂くとともに「府中に行ってみたいな」とか「もっと知りたいな」と思って頂けたらとても嬉しいです。

※本書の情報は2019年秋~2020年秋の取材時のものです。営業時間、定休日、メニュー、料金などは変更になる場合があります。新型コロナウィルス感染症の影響を受ける前に取材した個所もありますので、最新の情報は各店舗・施設にお問い合わせいただくか、ウェブサイトなどをご確認ください。

もくじ

国府のまち・府中ダイジェスト
～国府ってなんだろう？～

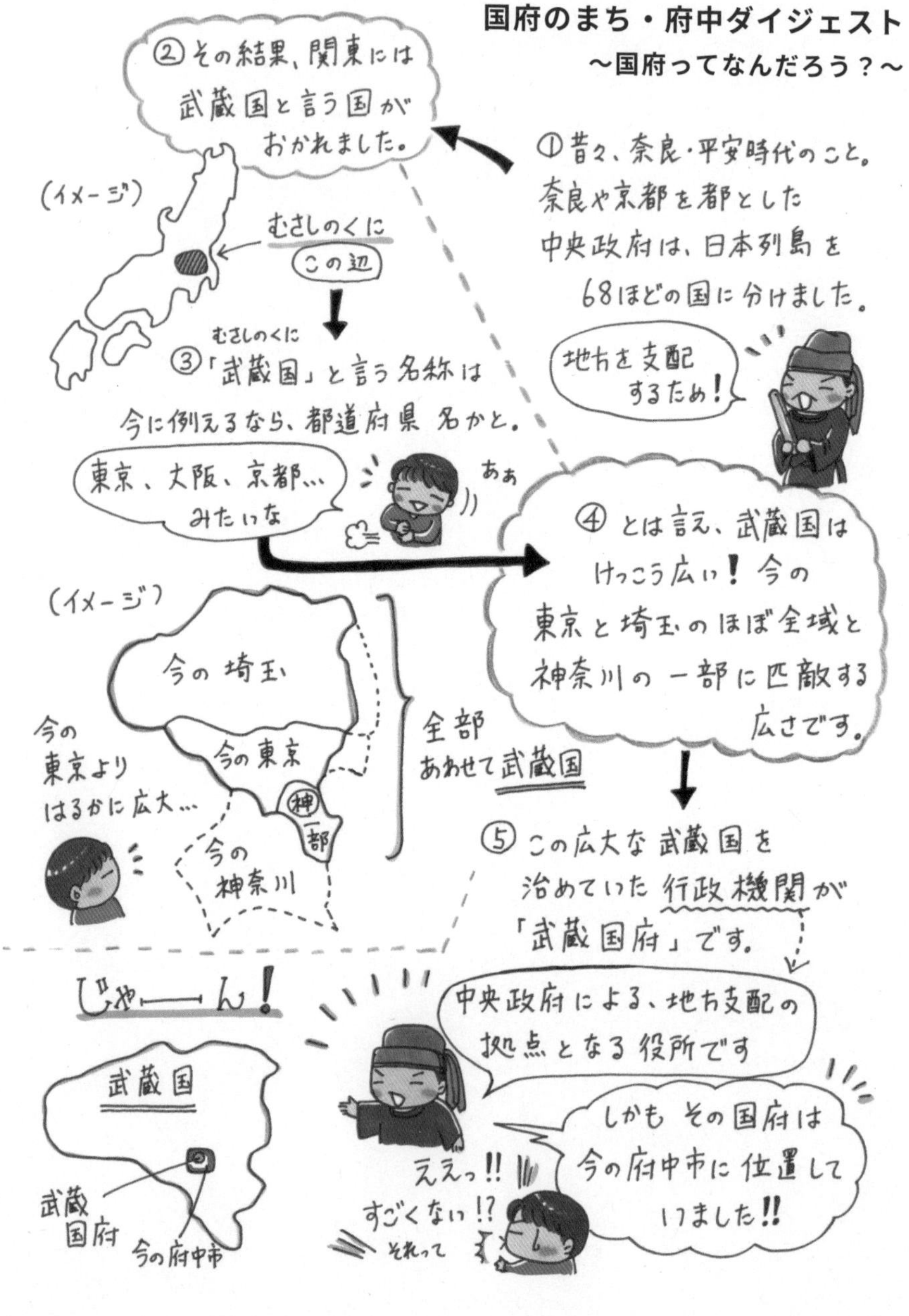
①昔々、奈良・平安時代のこと。奈良や京都を都とした中央政府は、日本列島を68ほどの国に分けました。
地方を支配するため！
②その結果、関東には武蔵国と言う国がおかれました。
（イメージ）
むさしのくに
この辺
③「武蔵国《むさしのくに》」と言う名称は今に例えるなら、都道府県名かと。
東京、大阪、京都…みたいな
あぁ
④とは言え、武蔵国はけっこう広い！今の東京と埼玉のほぼ全域と神奈川の一部に匹敵する広さです。
（イメージ）
今の埼玉
今の東京
神 部
今の神奈川
全部あわせて武蔵国
今の東京よりはるかに広大…
⑤この広大な武蔵国を治めていた行政機関が「武蔵国府」です。
じゃーーん！
中央政府による、地方支配の拠点となる役所です
しかもその国府は今の府中市に位置していました!!
ええっ!!
すごくない!? それって
武蔵国
武蔵国府
今の府中市

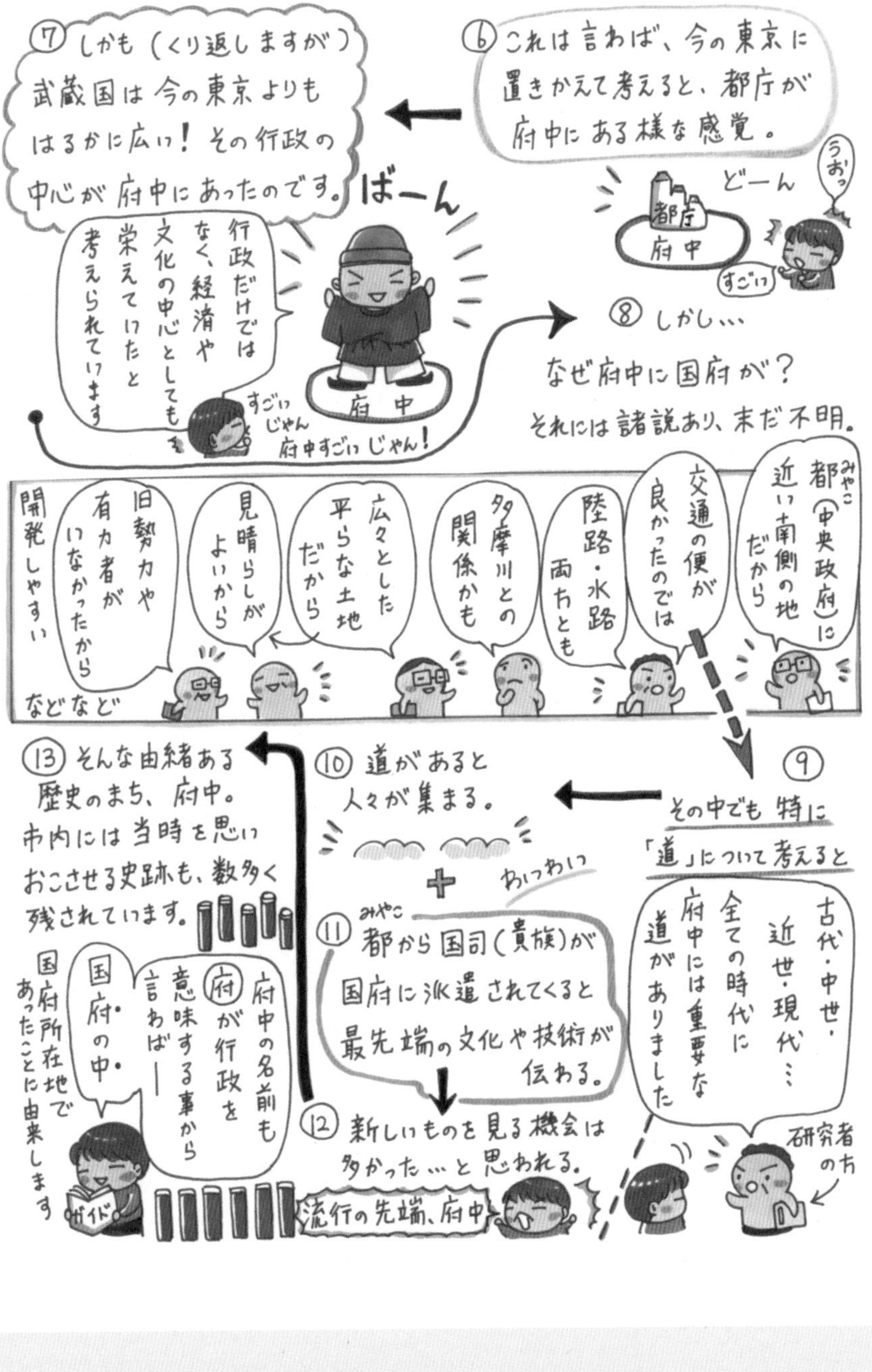
⑥ これは言わば、今の東京に置きかえて考えると、都庁が府中にある様な感覚。
どーん
都庁
府中
うおっ
すごいっ
⑦ しかも（くり返しますが）武蔵国は今の東京よりもはるかに広い！その行政の中心が府中にあったのです。
ばーん
行政だけではなく、経済や文化の中心としても栄えていたと考えられています
府中
すごいじゃん
府中すごいじゃん！
⑧ しかし…
なぜ府中に国府が？
それには諸説あり、未だ不明。
都《みやこ》（中央政府）に近い南側の地だから
交通の便が良かったのでは
陸路・水路両方とも
多摩川との関係かも
広々とした平らな土地だから
見晴らしがよいから
旧勢力や有力者がいなかったから
開発しやすい
などなど
⑨ その中でも特に「道」について考えると
古代・中世・近世・現代…全ての時代に府中には重要な道がありました
研究者の方
⑩ 道があると人々が集まる。
わいわい
⑪ 都《みやこ》から国司（貴族）が国府に派遣されてくると最先端の文化や技術が伝わる。
⑫ 新しいものを見る機会は多かった…と思われる。
流行の先端、府中
⑬ そんな由緒ある歴史のまち、府中。市内には当時を思いおこさせる史跡も、数多く残されています。
府中の名前も府が行政を意味する事から言わば——
国府の中・・
国府所在地であったことに由来します
ガイド

府中の年間行事（一例）

大國魂神社例大祭
くらやみ祭

府中市民桜まつり

キスゲフェスティバル

日本ダービー

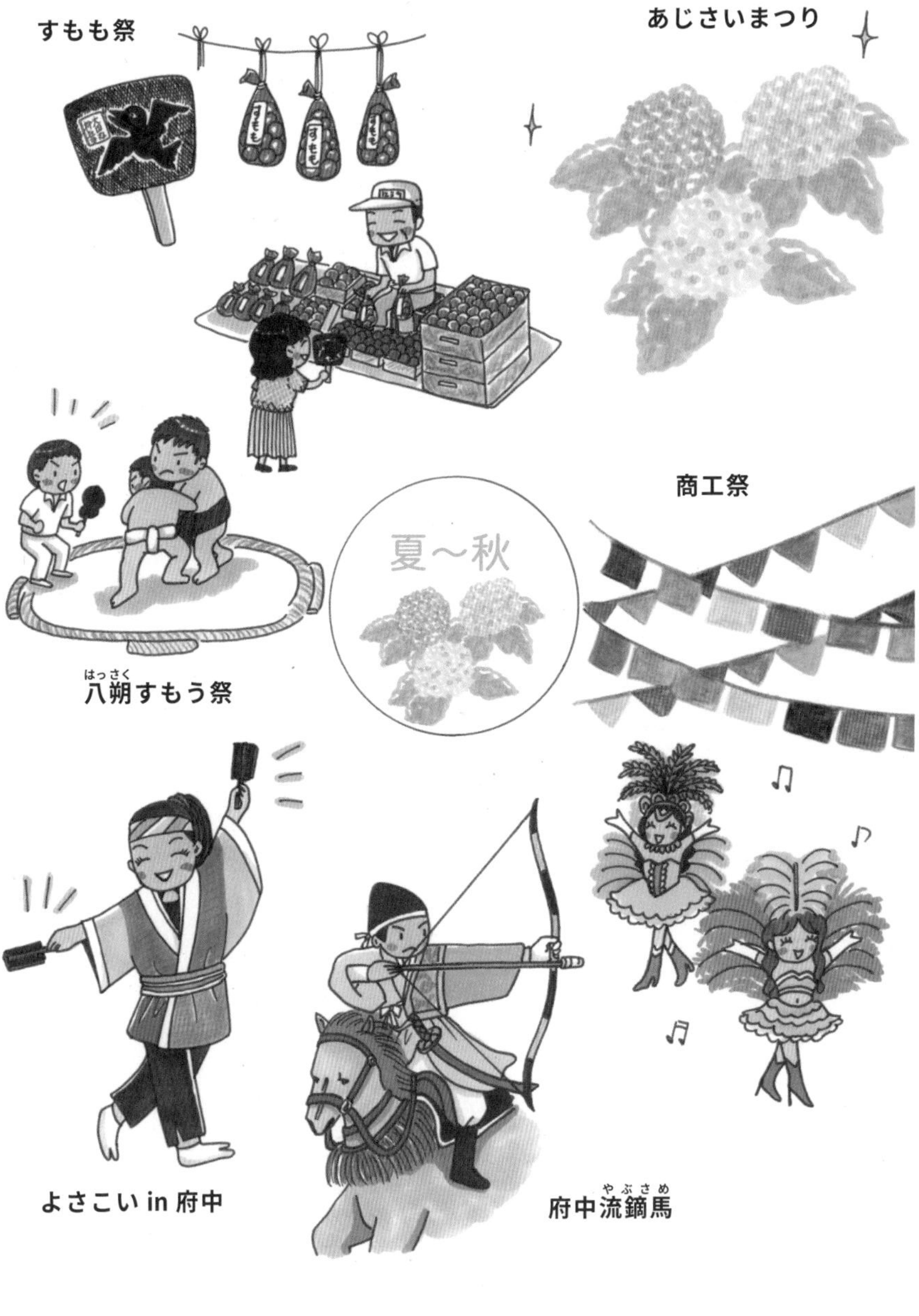
すもも祭
あじさいまつり
商工祭
夏～秋
八朔《はっさく》すもう祭
よさこい in 府中
府中流鏑馬《やぶさめ》

くり祭り
JAZZ in 府中
市内各地の
ハロウィン祭
薬師如来尊縁日
お目玉
秋～冬
七五三
古墳まつり
むさし府中
ビール祭りも
あります
七五三
武蔵の国の酒まつり

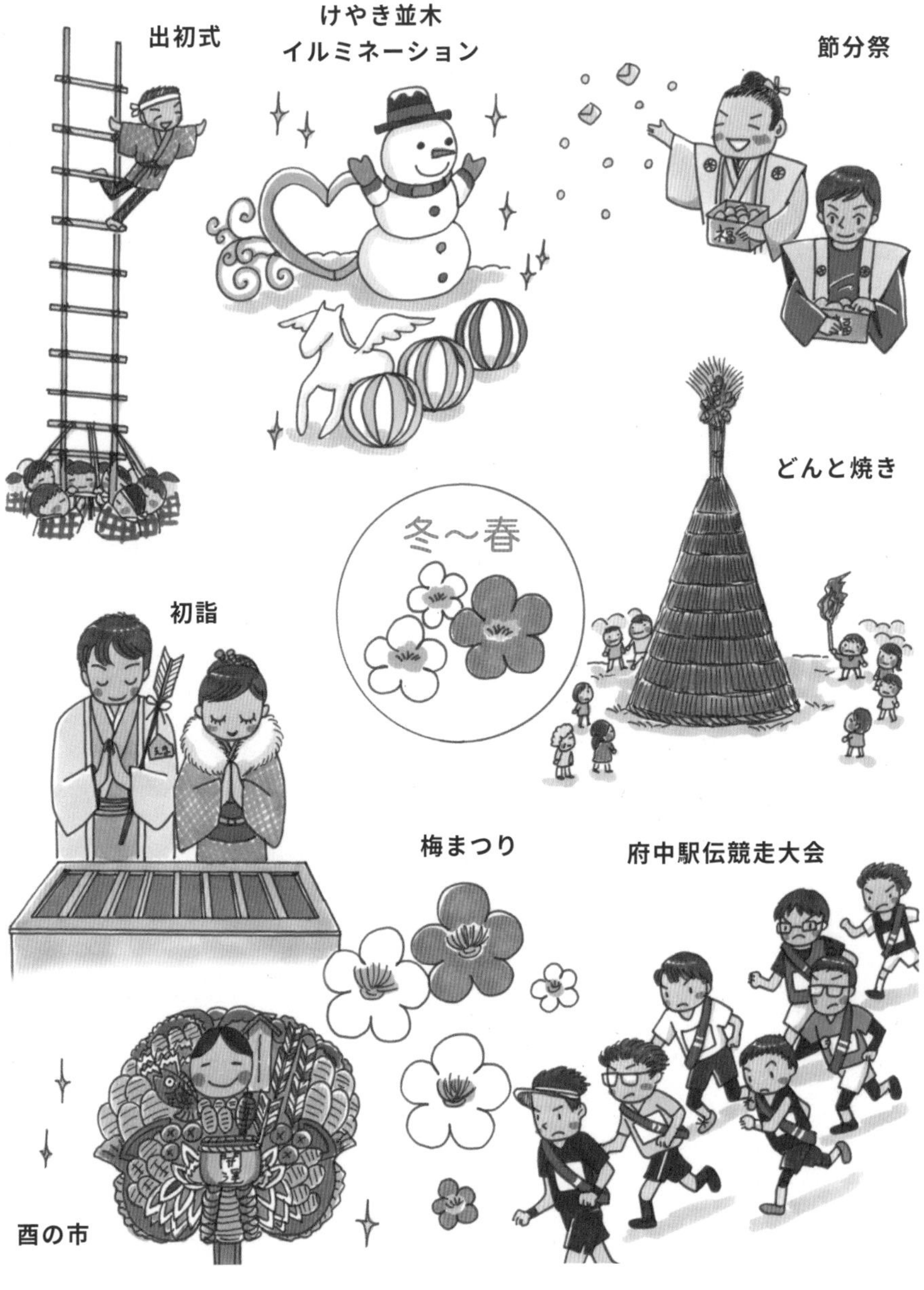
出初式
けやき並木
イルミネーション
節分祭
どんと焼き
冬〜春
初詣
梅まつり
府中駅伝競走大会
酉の市

府中市・簡略マップ

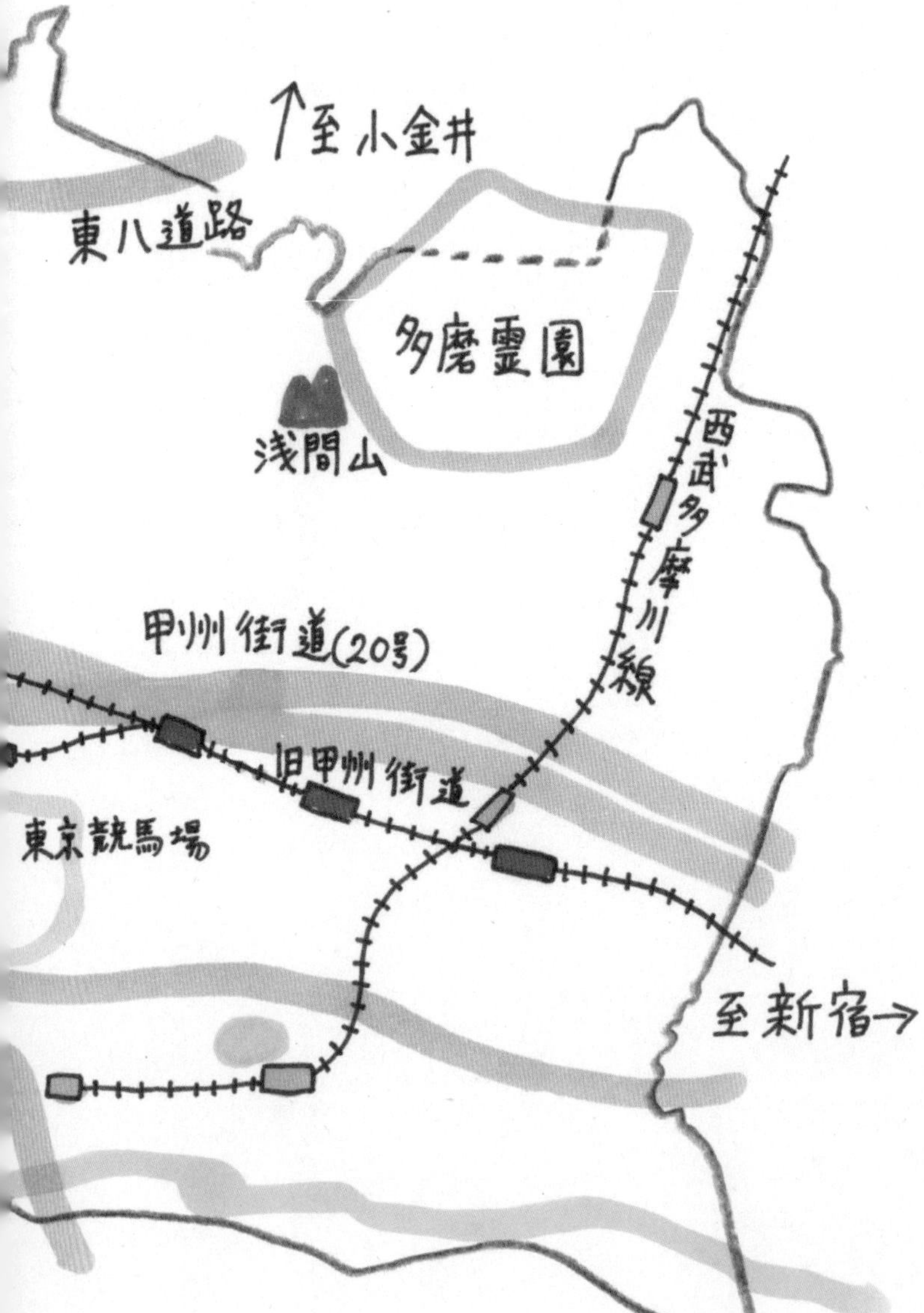
至小金井
東八道路
多磨霊園
浅間山
西武多摩川線
甲州街道(20号)
旧甲州街道
東京競馬場
至新宿

N
至
国分寺
新府中街道
JR武蔵野線
府中街道
JR
南武線
府中
中央道
多摩川
京王線
郷土の森
← 至
八王子

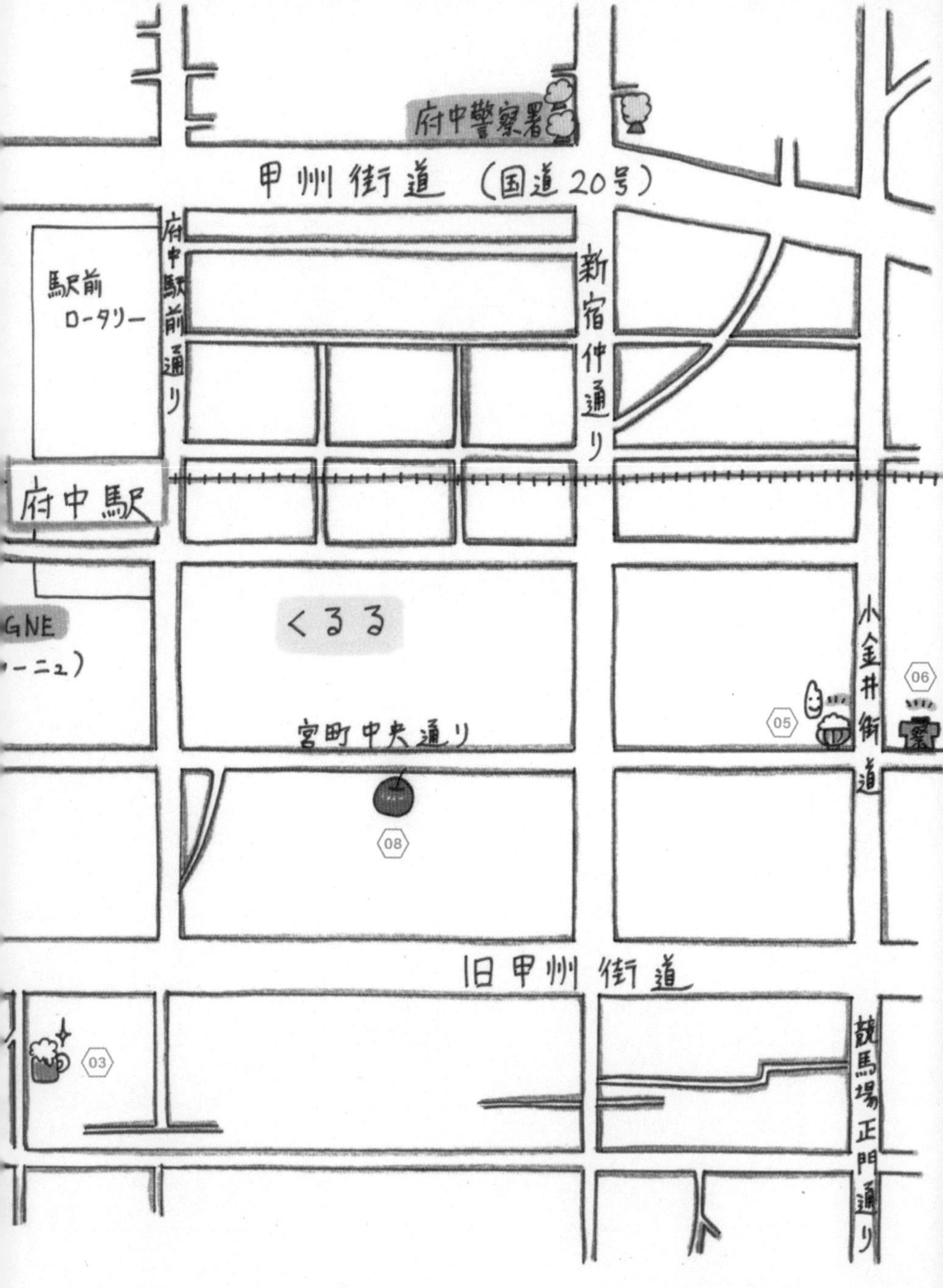
府中警察署
甲州街道（国道20号）
駅前
ロータリー
府中駅前通り
新宿仲通り
府中駅
くるる
GNE
ーニュ）
小金井街道
06
05
宮町中央通り
08
旧甲州街道
03
競馬場正門通り

- 01 武蔵総社 大國魂神社
- 02 蔵カフェ
- 03 直会スタンド宮
- 04 有限会社 吉垣生花店
- 05 天地米店（有限会社てんち）
- 06 駒屋足袋店株式会社
- 07 FUCHU TERRACE
- 08 蕪木青果店

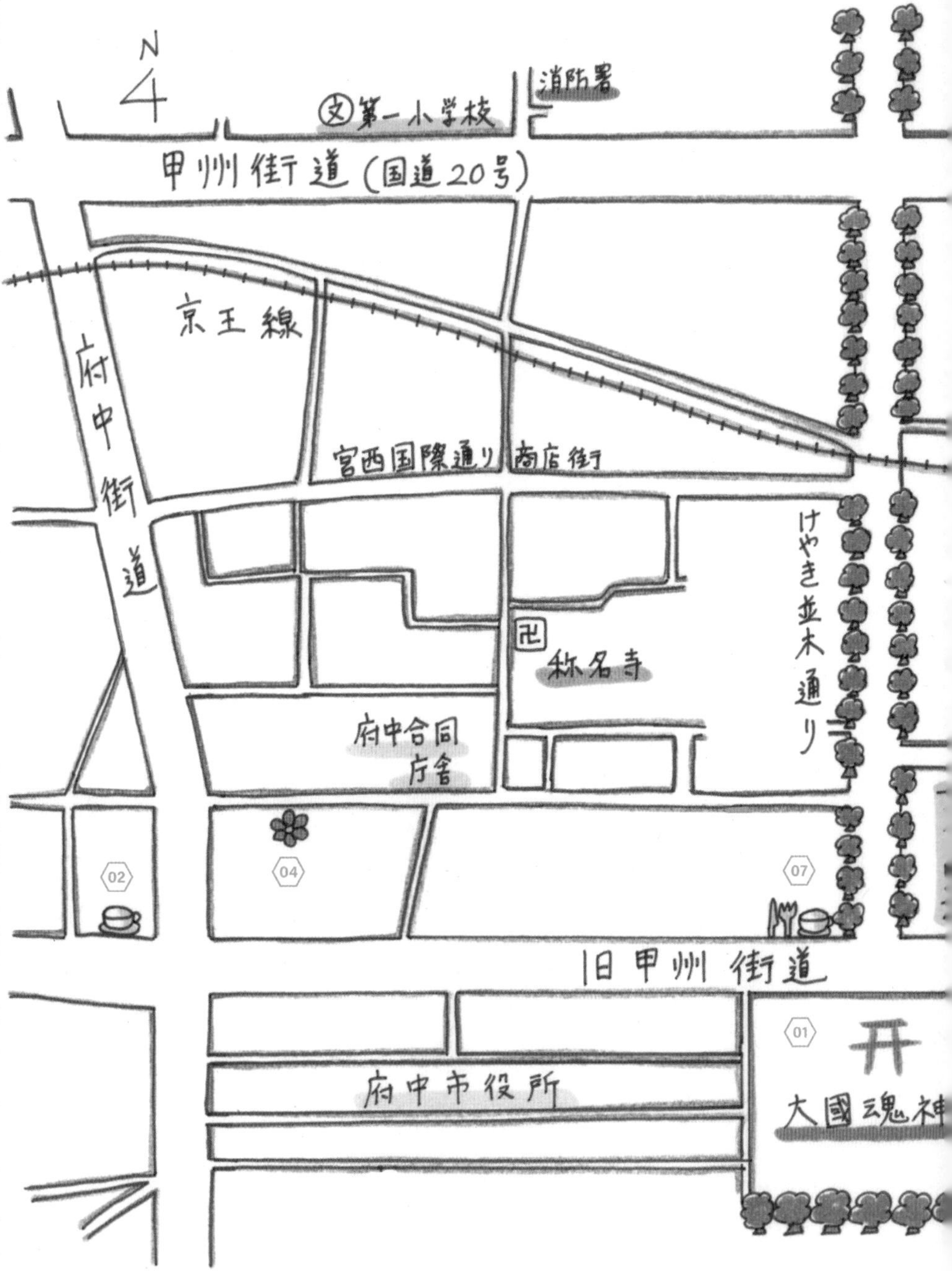

Chapter

1　府中駅周辺

Fuchu Station

本殿・拝殿イメージ図

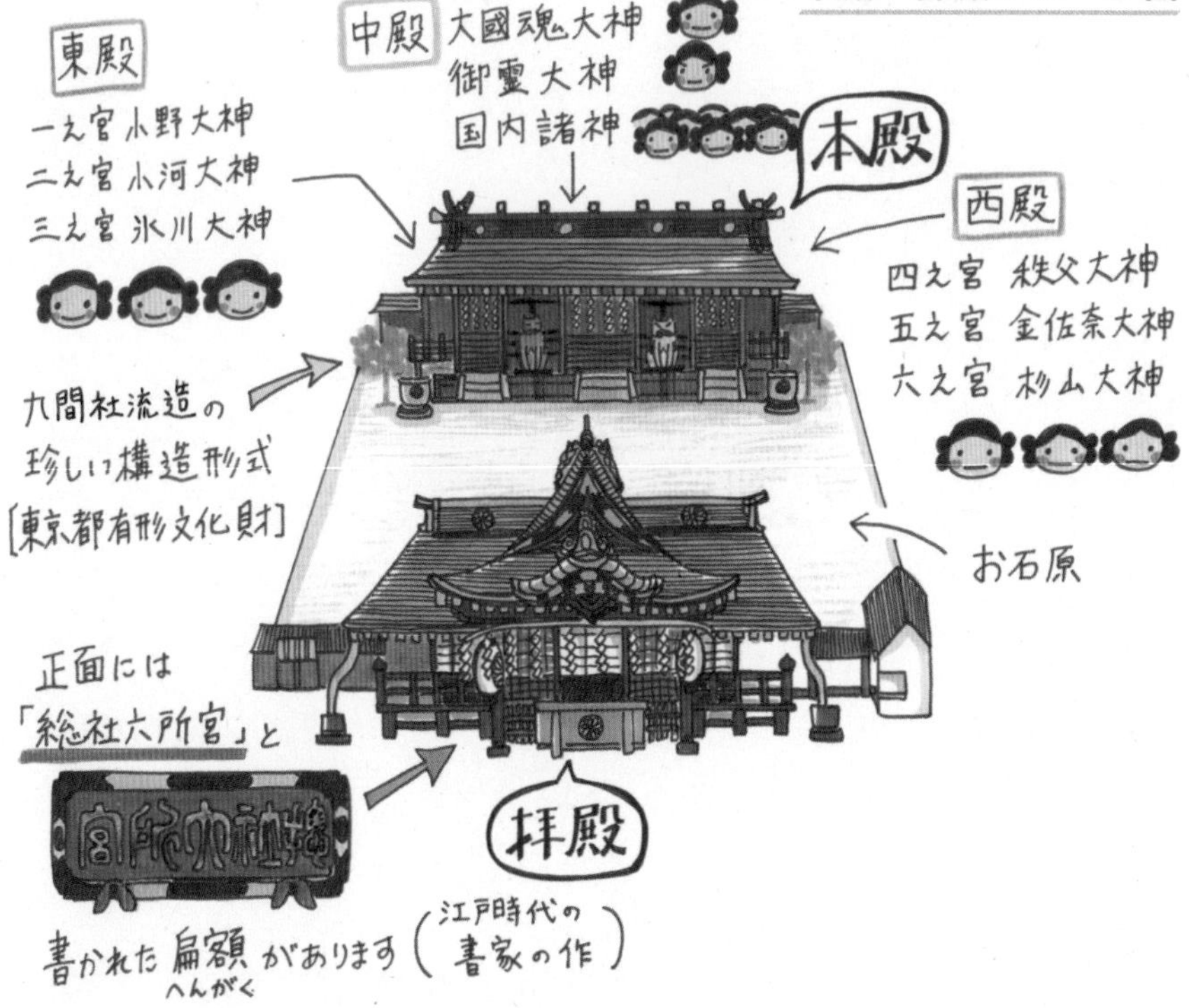
中殿 大國魂大神
御靈大神
国内諸神
本殿
東殿
一之宮 小野大神
二之宮 小河大神
三之宮 氷川大神
西殿
四之宮 秩父大神
五之宮 金佐奈大神
六之宮 杉山大神
九間社流造の
珍しい構造形式
[東京都有形文化財]
お石原
正面には
「総社六所宮」と
拝殿
書かれた扁額《へんがく》があります（江戸時代の書家の作）

01 武蔵総社 大國魂神社

神社

府中の人々の歴史や生活に、深い関わりがある大國魂神社。ここは市民の心の拠り所でもあります。

神社の歴史は古く、起源は1900年前にまで遡ります。本殿は九間社流造という珍しい様式で、主祭神である大國魂大神をはじめ国内各地の神様をお祀りしています。また境内の摂社・末社にも多くの神様が祀られています。

さらに神社周辺では歴史上重要な遺構が多く発見されていて、この地が古くから非常に大切な場所であることがわかります。神社はこれら歴史的建造物の位置と、ご神事であるお祭りを、今の世に伝える大事な役割を担っているともいえます。

また、例大祭である「くらやみ祭」を筆頭に、年間を通じて様々な祭事が行われ常に活気があると共に、季節ごとの美しい情景に出会える場所でもあります。すがすがしい気分になれる清浄な空間です。

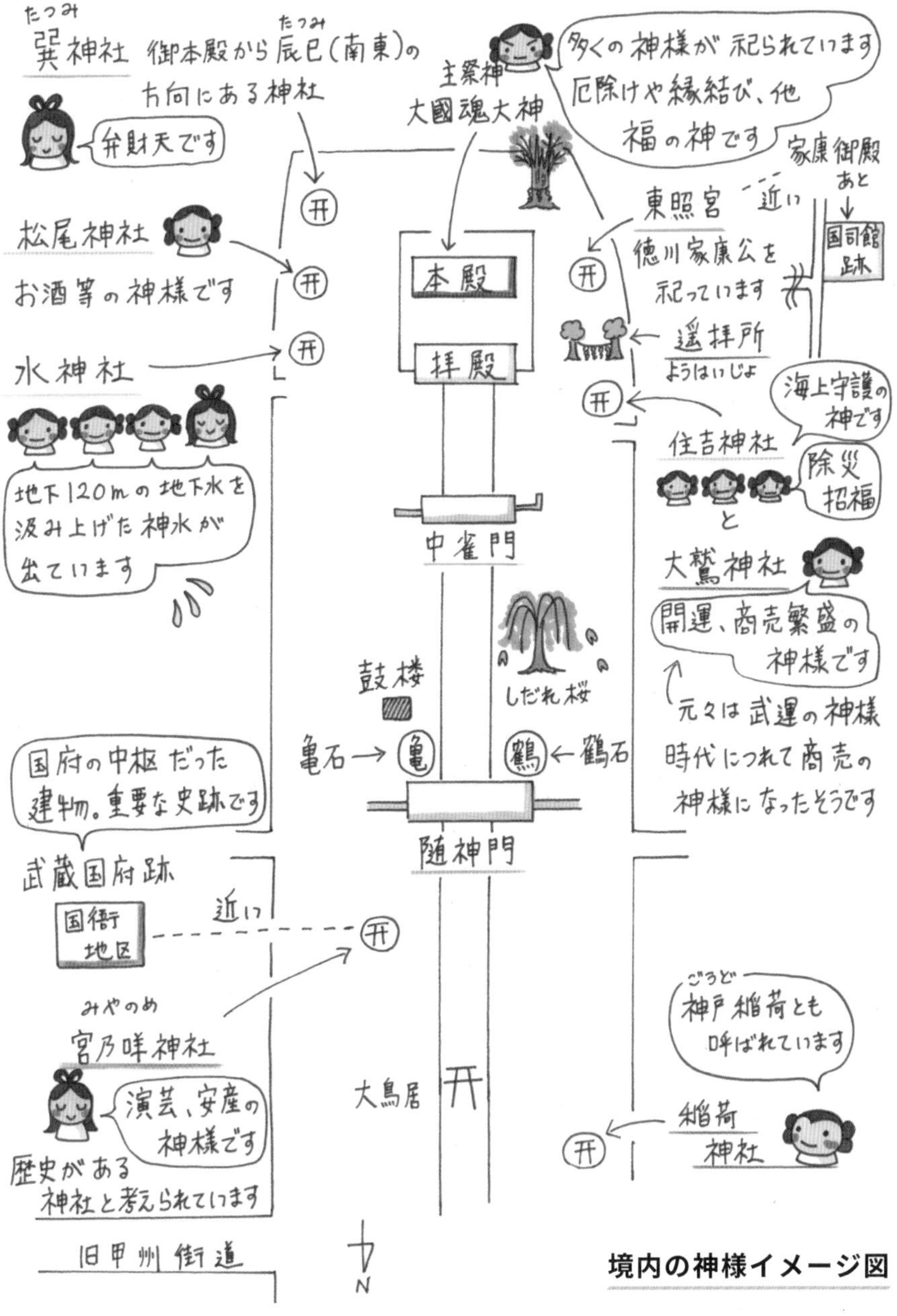
巽《たつみ》神社　御本殿から辰巳《たつみ》(南東)の方向にある神社
弁財天です
松尾神社
お酒等の神様です
水神社
地下120mの地下水を汲み上げた神水が出ています
主祭神
大國魂大神
多くの神様が祀られています
厄除けや縁結び、他福の神です
家康御殿あと
国司館跡
東照宮
近い
徳川家康公を祀っています
本殿
拝殿
遥拝所《ようはいじょ》
海上守護の神です
住吉神社
除災招福
と
大鷲神社
開運、商売繁盛の神様です
元々は武運の神様
時代につれて商売の神様になったそうです
中雀門
鼓楼
しだれ桜
亀石
亀
鶴
鶴石
随神門
国府の中枢だった建物。重要な史跡です
武蔵国府跡
国衙地区
近い
宮乃咩《みやのめ》神社
演芸、安産の神様です
歴史がある神社と考えられています
大鳥居
神戸《ごろど》稲荷とも呼ばれています
稲荷神社
旧甲州街道
N

境内の神様イメージ図

境内の気になるもの豆知識

①鼓楼

鼓楼とは太鼓をかけ、時刻や緊急事態を知らせるための建物。主に寺院に設けられたので、神社では数少ない貴重な建築物です。

毎朝8時と
日没に窓が開いて
太鼓が叩かれます
ぱかっ
どーん
朝は 打ち下ろし。
夕ちは 礼砲に倣い
21回 叩いています

何回
叩いてるんですか?

②鶴石《つるいし》と亀石《かめいし》

随神門付近、参道を挟んで左右に置かれている石。

大昔の
鳥居の前身とも
言われてます
鶴石
かなり古い物の
ようです
亀石

③遥拝所《ようはいじょ》

住吉神社・大鷲神社の左隣にある場所。遥拝とは、遠く離れた所から拝むことです。

遠い神社の
方向にむけて
お参りする

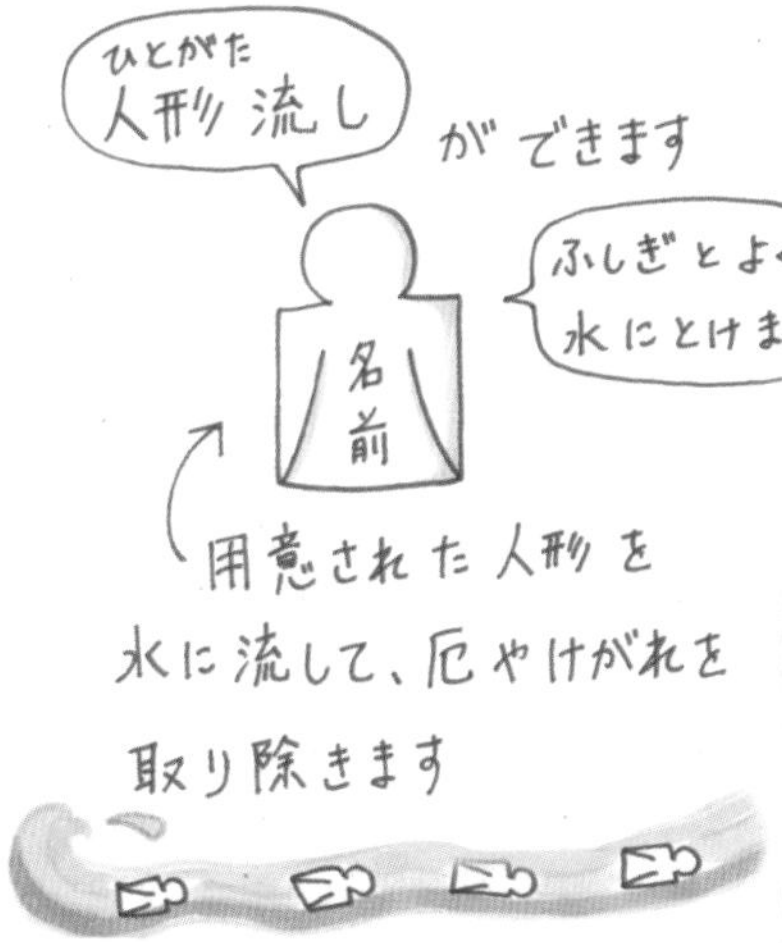
人形《ひとがた》流し
ふしぎとよく水にとけます
名前

ができます

用意された人形を水に流して、厄やけがれを取り除きます

④水神社《みずじんじゃ》

ここの紅葉はすごく綺麗です。

わぁ

更に6月30日（夏越の祓）と12月31日（年越の祓）には…

⑥大祓人形《おおはらえひとがた》

が登場

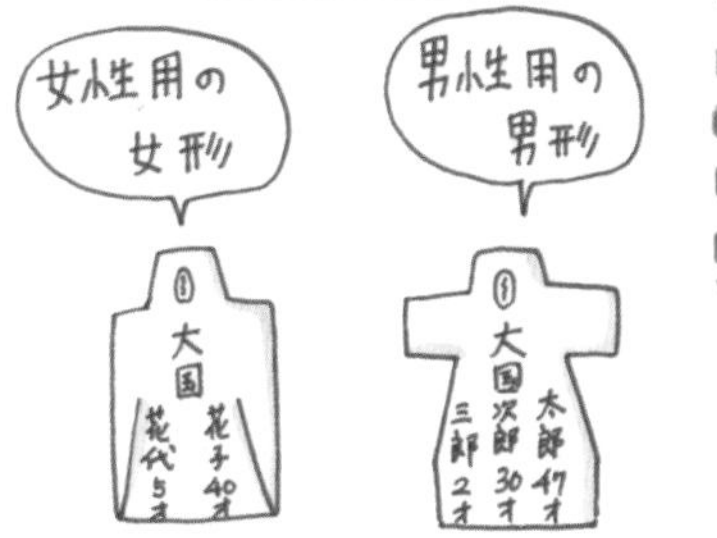
女性用の女形
男性用の男形
大国 花子40才 花代5才
大国 太郎47才 次郎30才 三郎2才

様々な病気や災難を祓い除いて、一家の繁栄と幸福を祈ります。この「大祓神事」は年2回行われ、祈祷後、人形は川に流します。

⑤手水舎《てみずしゃ》

江戸彫工飯田勇次郎氏による彫刻が見事です

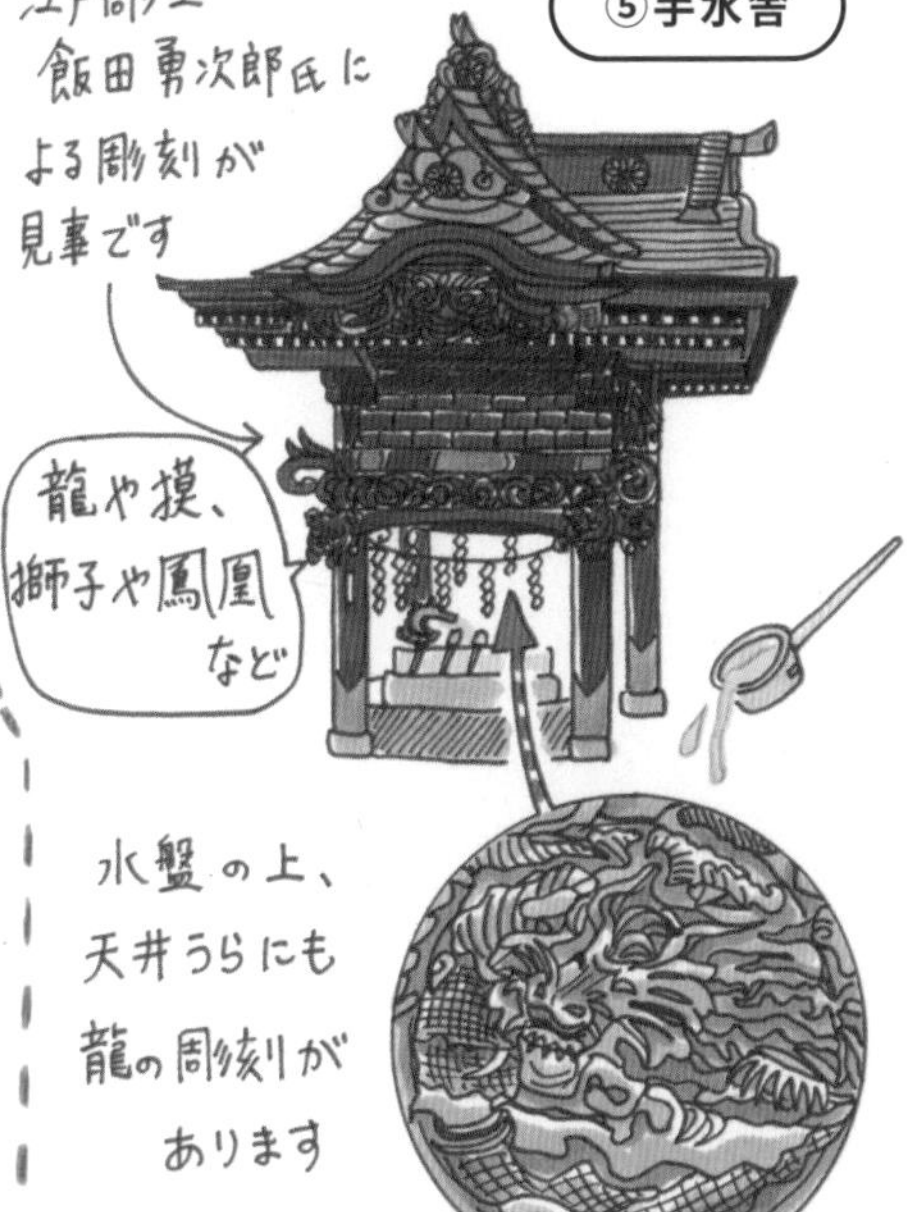
龍や獏、獅子や鳳凰など

水盤の上、天井うらにも龍の彫刻があります

⑦柄杓《ひしゃく》

安産祈願ができる宮乃咩神社には底が抜けた柄杓が奉納されています。

穴から水がおちる様にお産が軽くなることを願います
安産祈願 安産御札

⑧からす団扇《うちわ》・からす扇子《せんす》

府中の各家庭やお店の玄関先でよく見かけるからす団扇。毎年7月20日のすもも祭の際に頒布されます。

玄関先に飾ると、魔を払い家に幸福を呼ぶと言われています

⑨宝物殿《ほうもつでん》

八基のお神輿や大太鼓をはじめ、神社の歴史を感じる数々の宝物を間近に見学することができます。

くらやみ祭の際にみかける御蛇丸(おじゃまる)
おお…
よく見ると刃には「衆《おお》くの怨《うらみ》は悉《ことごと》く退散す」と書いてあります。これは頼もしい!

木造狛犬一対
鎌倉時代の作品。運慶の作と伝えられています(重要文化財)

宝物殿の開館は

土・日・祝・神社祭礼日

10：00～16：00

拝観料 200円

⑩鏡餅《かがみもち》

毎年、年末からお正月にかけてご拝殿に大きな鏡餅が飾られます。

この巨大な鏡餅を用意しているのは、小金井の御先祓い講中の方々。

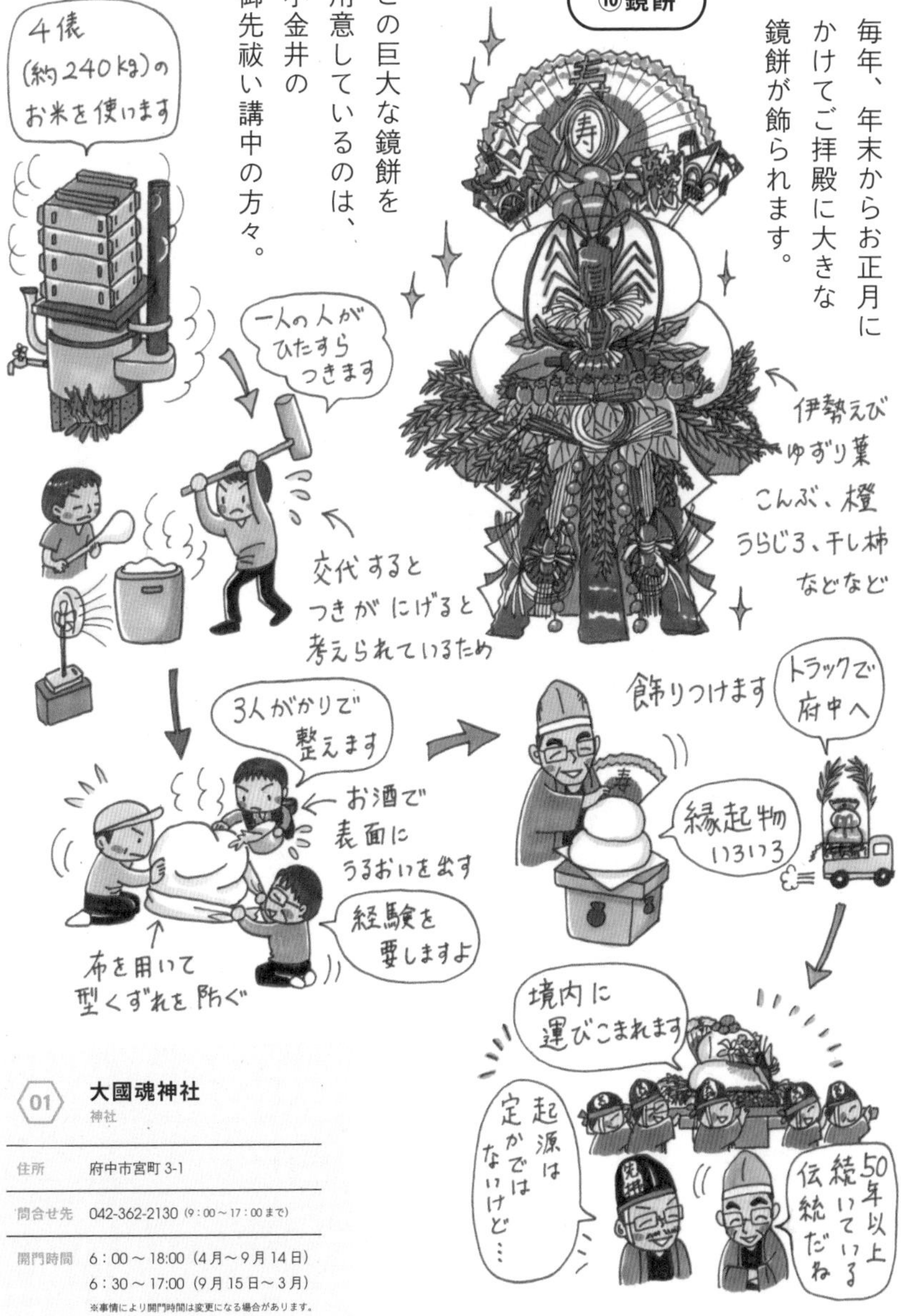
4俵
(約240kg)の
お米を使います
一人の人が
ひたすら
つきます
交代すると
つきが にげると
考えられているため
3人がかりで
整えます
お酒で
表面に
うるおいを出す
経験を
要しますよ
布を用いて
型くずれを防ぐ
飾りつけます
トラックで
府中へ
縁起物
いろいろ
寿
伊勢えび
ゆずり葉
こんぶ、橙
うらじろ、干し柿
などなど
境内に
運びこまれます
起源は
定かでは
ないけど…
50年以上
続いている
伝統だね

01 大國魂神社
神社

住所	府中市宮町 3-1
問合せ先	042-362-2130 (9：00～17：00まで)
開門時間	6：00～18:00 (4月～9月14日) 6：30～17:00 (9月15日～3月) ※事情により開門時間は変更になる場合があります。

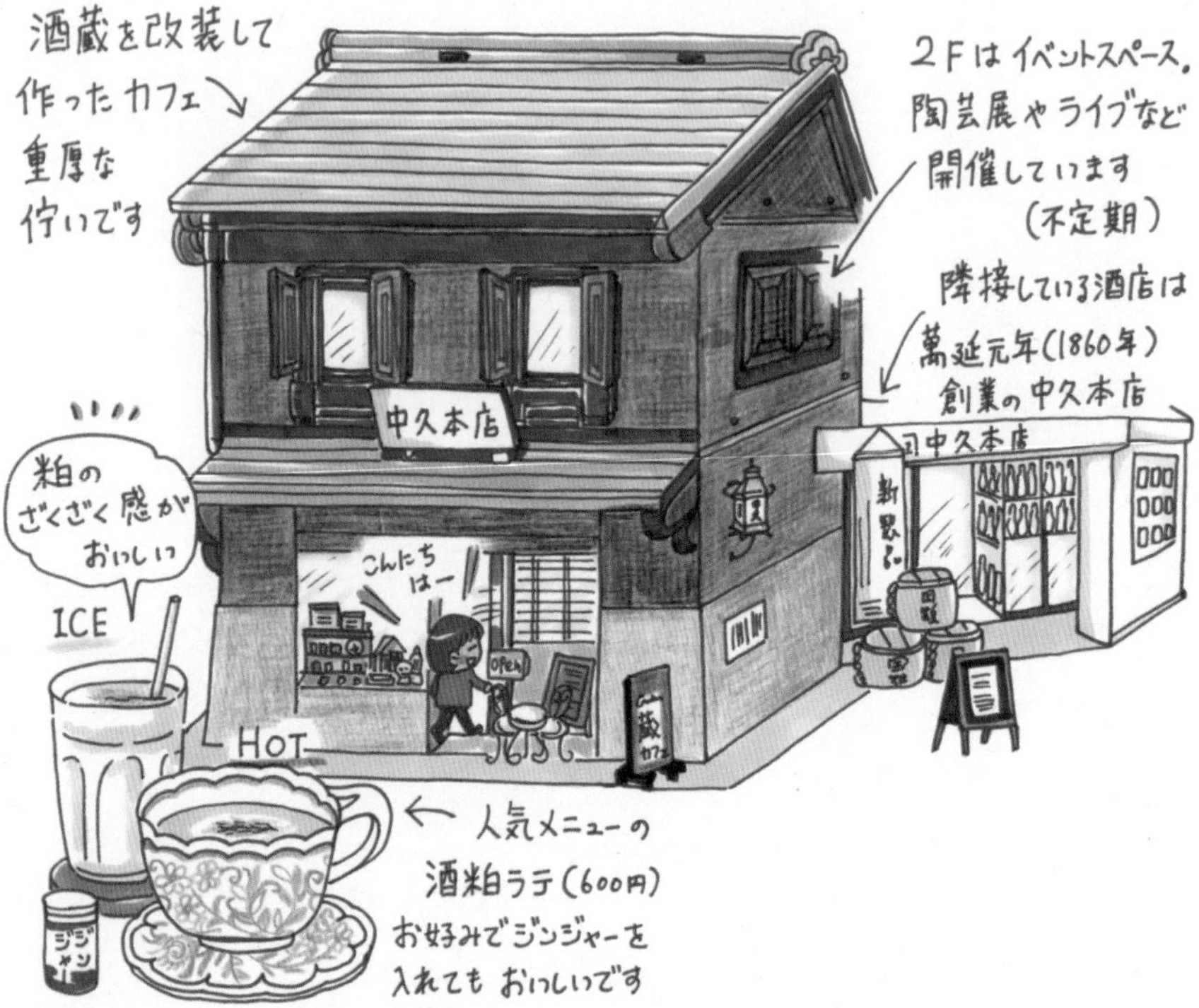
酒蔵を改装して
作ったカフェ
重厚な
佇いです
2Fはイベントスペース。
陶芸展やライブなど
開催しています
（不定期）
隣接している酒店は
萬延元年（1860年）
創業の中久本店
中久本店
粕の
ざくざく感が
おいしい
ICE
HOT
こんにちはー
人気メニューの
酒粕ラテ（600円）
お好みでジンジャーを
入れても おいしいです

02 蔵カフェ

カフェ

独特の外観と、歴史の重みを感じさせる重厚な雰囲気の店内。この独特の店舗、元々は隣接する酒造店・中久本店の酒蔵でした。萬延元年（1860）から続く中久本店が、平成7年に店舗の改装をした際に「喫茶室蔵」の営業を始めたことが開業のきっかけです。その後、経営者が今の石塚さんに代わり、店名も「蔵カフェ」にリニューアルして現在に至ります。実際に2階部分には「萬延二年二月二十七日」と書かれた柱が天井に残っているなど、この街の変化を静かに見守ってきた建物の歴史を感じさせる箇所も残っています。

お店には時折、自家農家をされている方が採れたての新鮮な野菜を届けてくれることも。

「色々な方に助けて頂いているので、人とのつながりに感謝しながら経営をしています」と石塚さん。人気メニューは府中の地酒「國府鶴」の酒粕を使った酒粕ラテ。さっぱりとした甘さで飲みやすいです。店内にはいつも、心落ち着く優しい時間が流れています。

ある日のランチメニュー
ドリンク付
どれも すごく おいしい!!
天かす
おとうふ
味付は ぽん酢
てりやきハンバーグ
大葉・しょうが・ゴマの トッピング
甘めのソースに よく合う
根菜の具が たくさん入った かす汁
大根、にんじん、ごぼう ねぎ、あげ…。
國府鶴の 酒かす使用
マカロニ サラダ
新鮮生野菜
たっぷり
ゴマ付 ライス
(ランチのみ 900円～ のみもの・デザート付 1300円)
人気のチーズケーキ
毎朝 手作り!
ほどよい酸味と 濃厚なチーズがおいしい♥
とれたて新鮮は 味が違いますね
野菜やお肉は 国産品、 地元野菜も よく使います
オーナーの 石塚栄子さん

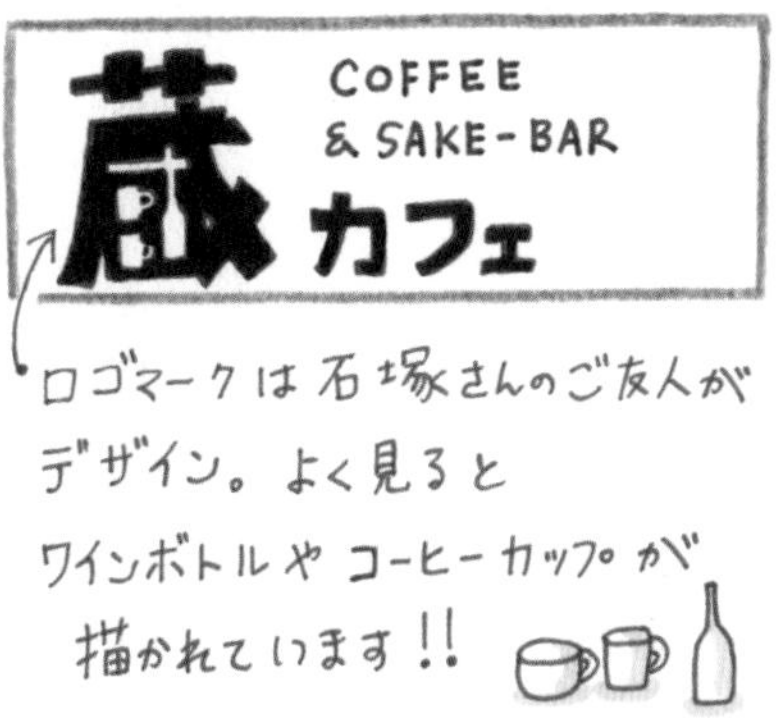

蔵 COFFEE & SAKE-BAR カフェ
ロゴマークは石塚さんのご友人が デザイン。よく見ると ワインボトルや コーヒーカップが 描かれています!!

02 **蔵カフェ**
カフェ

住所	府中市宮西町 4-2-1
問合せ先	080-9170-3954
営業時間	10：30～17：00
定休日	日曜、水曜

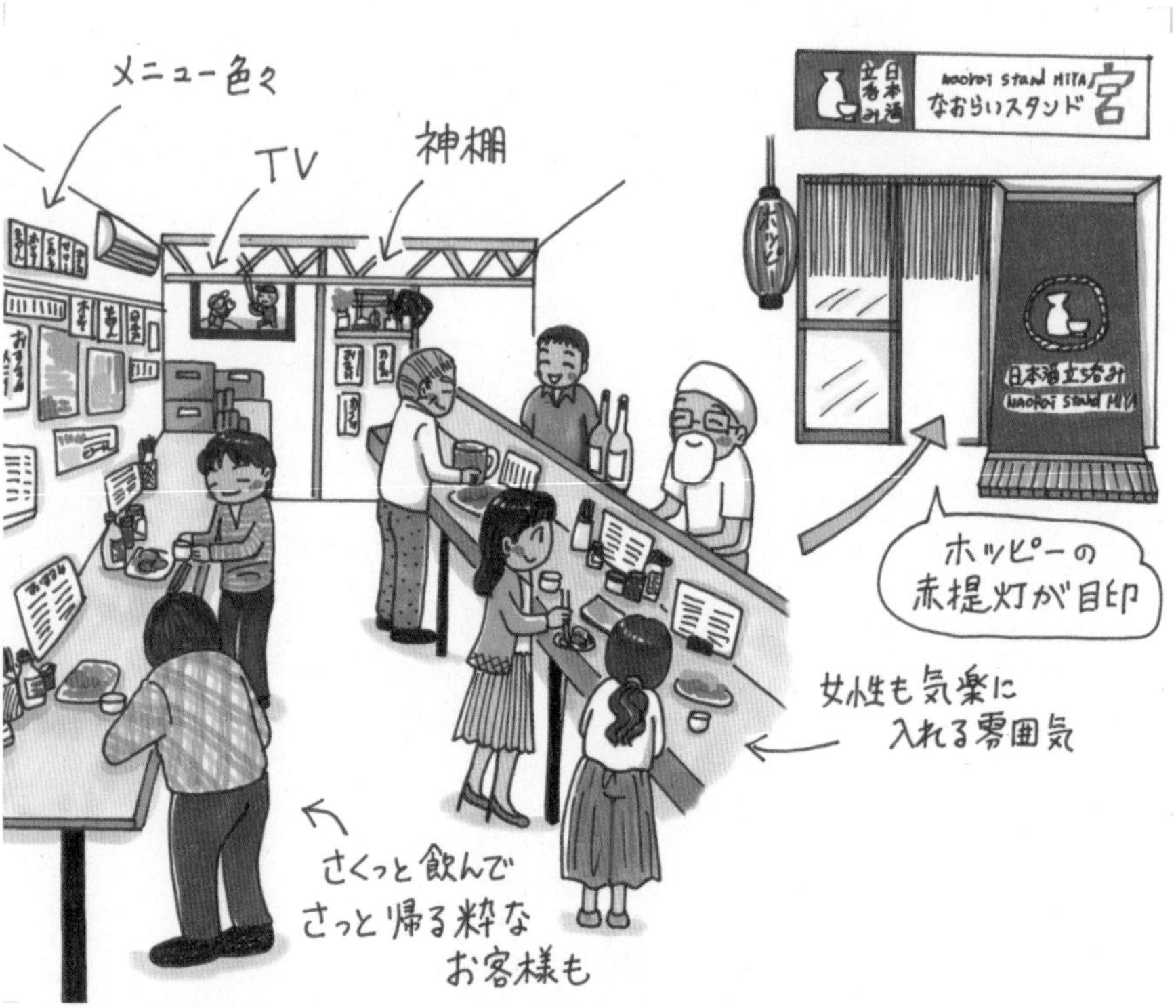
メニュー色々
TV
神棚
日本酒立呑み
NAORAI STAND MIYA
なおらいスタンド宮
ホッピーの
赤提灯が目印
女性も気楽に
入れる雰囲気
さくっと飲んで
さっと帰る粋な
お客様も

03 直会《なおらい》スタンド宮《みや》

居酒屋

大國魂神社の東側に隣接している直会スタンド宮は、全国各地の日本酒が美味しいお料理と共に気軽に味わえる立呑み処です。

オーナーの大室元さんは府中で代々続く酒販業「株式会社しめのうち」の11代目。日本酒のソムリエといえる「唎き酒師」と「日本酒学講師」の資格をお持ちなので、お酒に関する様々な相談に乗ってもらえます。メニュー表にもお酒の説明がわかりやすく丁寧に書かれているので、普段飲み慣れていない方でも注文しやすいのが特徴です。また、店内で飲めるお酒は「まいにち日本酒しめのうち」というネットショップでも購入できます。サイトでは有名な商品だけではなく、製造している地元でしか飲めない珍しいお酒も取り扱っているそうです。

「今後も様々な切り口で、日本酒を楽しむための拠点を育てていきたいと思っています」と朗らかに語る大室さん。時代や環境の変化を乗り越えながら、街と共に歩んでいるお店です。

種類豊富な
お酒と小皿料理
¥500〜
冷も
温も
ちろり
日本酒以外にも
神社拝《ジンジャーハイ》や
三冷《さんれい》ホッピーなど
色々あります
冷酒や熱燗、
甘口、辛口…さまざまな
リクエストに応じて選べる
日本酒！
三冷
ホッピー
ホッピーと焼酎と
グラスの3つを冷やして飲む
三冷ホッピー（白・黒）
氷いらずなので
味がうすまらず
おいしく飲めます！
すりおろし
しょうが入り
底には
ホッピーと相性がいい
キンミヤ焼酎が
シャーベット状に
なっています
神社拝
おいしい
安い
うれしい
旬の府中野菜を豊富に取り入れた小皿料理
（一例）
クリーム
チーズ入り
いちじくと生ハム
（¥300）
シャキ
シャキ
たけのこと
しいたけ玉子焼き（¥400）
かくし味の
しょうがが効いています
油あげと大根おろしの
ゆずぽんエレベーター（¥200）
熱々
甘々
府中ヤングコーン焼き
（¥200）
天ぷら
お酒がすすむ
紅しょうが（¥200）

酒販業は天保14年にはじめたので
170余年続いています
天保14… 1843年!!
オーナーの
大室元《おおむろはじめ》さん
酒
屋号は「しめのうち」
これはしめ縄の内側を意味します
しめ縄の内側
=
神聖な場所
=
神社境内
注連之内《しめのうち》
大國魂神社の境内で開業したお店なので、当時の宮司さんにこの屋号を付けて頂きました。
休憩所としてお酒などを提供していたそうです
江戸末期～明治初め頃です

お店は時代や環境の変化にその都度適応しながら存続してきました。

明治～

しめのうち
鰹節 しめのうち商店 酒
明治後期～昭和

酒商しめのうち
昭和～平成

平成～令和
なおらいスタンド 宮
ネットショップもやってます

現在は店頭小売ではなく、業務用と個人向けの販売所として営業しながら居酒屋営業も行っています。

店名の直会（なおらい）は神社の祭祀が終ったあと…
奉納したお神酒やお供物を下げて、みんなで頂く宴会のことです
「宮」はお店がある宮町からとりました
また店内の神棚に毎日礼拝してから商いを始めています
お酒にも食材にも神様のご神気を頂いているお店です
パンパン
お料理もおいしくて安いですね
一皿一人前サイズなのは色々なメニューを楽しんで欲しいからです
女性にも人気です!!
気軽に立ち寄れるリーズナブルな値段設定が売りなんですよ
お酒は飲む内に自分の好きな味にたどりつけるもの
酒
自分の好きなお酒に出会えるのがその人にとって幸せな事だと思います
人がいいというものを無理して飲むよりも

今後も皆様のお酒生活がより豊かになるお手伝いをしたいと思っています
お酒のこと遠慮なくきいて下さいね
かんぱーい
宮

03

直会スタンド宮

居酒屋

住所	府中市宮町 2-3-8
問合せ先	042-306-9030
営業時間	月～金　16：00～23：00 土日祝　15：00～22：00
定休日	火曜

花はよしがき
花はよしがき
GIFT
OPEN
つたのからまる印象的な外観
三代目の吉垣親伸さん
いらっしゃいませー
でもこれうちで生やしたんじゃないんですよ
ええっ
トリのせいじゃないかな
!

04 有限会社 吉垣生花店

花屋

「昔、川崎に住んでいた祖父が、縁あって府中の老舗蕎麦店・梅寿庵の娘だった祖母と結婚し、戦後に引き上げてからこの地で生花店を営みました。それが商売の起こりです」と教えて下さったのは、三代目の吉垣親伸さん。お店では生花の販売を中心に、アレンジメントや花束などを取り扱っています。

　商売人として近江商人の心得である三方よし（売り手よし、買い手よし、世間よし）に、もう一つ「生産者よし」を加えた『四方よし』を意識しながら花を大事に売り、地域や人々の役に立ちたいという吉垣さんは、いつも朗らかにお客様と楽しい会話を繰り広げながら、店頭に立たれています。

「商売をしていると、四六時中お店を意識します。どんな仕事も大変だし楽ではないけれど、特に商売は好きじゃないとできませんね。やる気がなきゃできない」そう語る吉垣さんは、豊富な知識ときめ細やかな作業で、地域に素敵な彩りを送り届けています。

吉垣生花店では、地元の大國魂神社で使用するお榊を全て納めています。

ちりりん
おさかき配達中
ものすごく手間をかけて作りあげています
お父様である
二代目が

日本の神様に供える物なので輸入品は使わず、全て国産品の榊を用いているそうです。

お花を長持ちさせるには水あげが大事!
地方で切られた花は府中に来るまでストレスがかかっています
だから一本一本切り戻して水をのませてます
まぁ
大変な作業だ!
農家から出荷される花
例えば石川県とか…
日野や世田谷にあります
市場
府中
お店
ねねー
お水のみたい
イライラ
お水のみたい!
ぷは
生き返るわぁ〜
チョキン
水あげ
元気!長もち!
しゃきーん
花は切った瞬間の一口めから水がのめると、上までちゃんと水が届き、長持ちするそうです

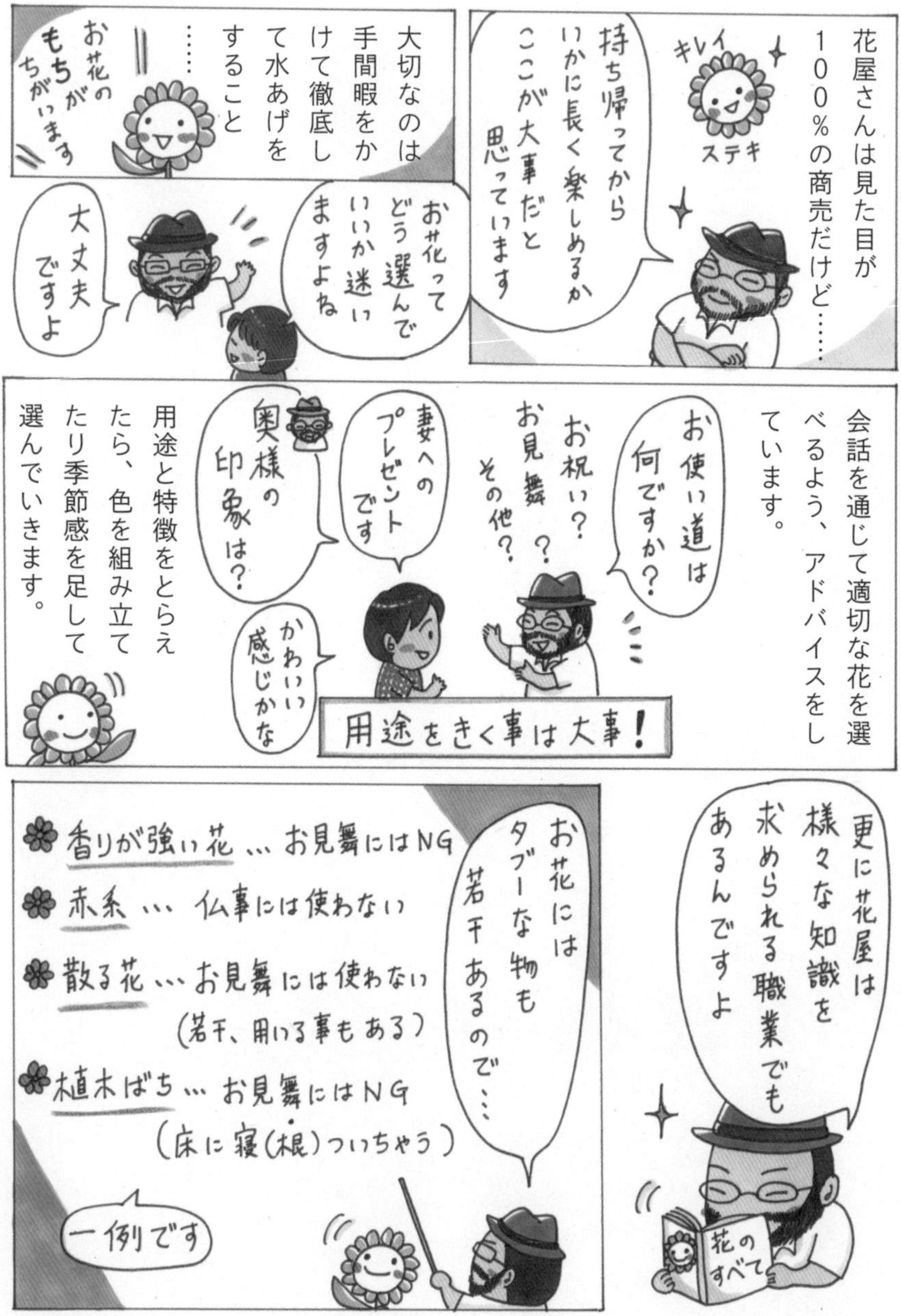
花屋さんは見た目が100％の商売だけど……
キレイ
ステキ
持ち帰ってからいかに長く楽しめるかここが大事だと思っています
大切なのは手間暇をかけて徹底して水あげをすること
……
お花のもちがちがいます
お花ってどう選んでいいか迷いますよね
大丈夫ですよ
会話を通じて適切な花を選べるよう、アドバイスをしています。
お使い道は何ですか？
お祝い？ お見舞？ その他？
妻へのプレゼントです
奥様の印象は？
かわいい感じかな
用途をきく事は大事！
用途と特徴をとらえたら、色を組み立てたり季節感を足して選んでいきます。
更に花屋は様々な知識を求められる職業でもあるんですよ
花のすべて
お花にはタブーな物も若干あるので…
香りが強い花 … お見舞にはNG
赤系 … 仏事には使わない
散る花 … お見舞には使わない
（若干、用いる事もある）
植木ばち … お見舞にはNG
（床に寝（根）ついちゃう）
一例です

加えて その土地ならではの ルールや
家ごとの ルール
宗派のルール
ある程度知っておかないと、きちんと対応できません。
などなど
花はその地域の 年中行事や 儀礼的な部分、冠婚葬祭が からむ物ですからね
地方のしきたりも 一応頭に入れて ます
更に— 会社の移転や お店の開店、社長さんの就任… などなど
世の中の流れを 常に意識してないと いけない職業でもあります
あっ
世の中のうごき
花が必要よ
(イメージ)
今後も 人と人のつながりを 大事にして—
商売人として 町にも人にも 役立つ商いをして いきたいと思っています
おくさま
いとこさん
おはな
府中の街

それにしても 吉垣さん、キャラ立ってますねー
それも 売りです
ははは
ギャップもえ〜

04

花はよしがき

有限会社 吉垣生花店

花屋

住所	府中市宮西町 2-9-4
問合せ先	042-360-2724
営業時間	平日・土曜　10：00～19：00 日曜　11：00～15：00 祝祭日　10：00～18：00 (お休みはお正月３日間ほどです)

05 天地米店（有限会社てんち）

米店

店内に入った途端、ふんわり甘い米ぬかの香りに包まれる天地米店。米屋さんとしての開業は大正13年ですが、それ以前は水車稼業を営まれていた歴史のあるお店です。

非常に珍しい「五つ星お米マイスター」の資格を持つ店主の小澤量さんは、ご自身の店舗を「セレクトショップ」と位置付けています。生産者には環境を配慮し、常に一定の品質を維持できる腕前の方を選び「この農家さんのお米はいいな」と思える品だけを仕入れています。その中からお客様に自分好みのお米を楽しく選んで頂くのが、このお店のスタイル。またお米を提供するまでのプロセス（独特の低温精米や砕米除去精米など）も、味の質を保つために多くの手間や時間をかけて行っています。

「お米との出会いは一期一会。その瞬間の出会いを楽しんで貰いたい」と小澤さん。熟練の厳しい目で選び抜かれたお米は、驚くほど美味しいと府中内外の方々から高い評価を得ています。

お米が口に入るまで

石抜き機
玄米から石を取り除く機械です
米
石
お米ってこんなに石が入ってるのか!!
精米する前のサンプル米
ゴロゴロ
たくさんの手間と労力がかけられています
ザザ!!
玄米色彩選別機
褐色してしまった粒や草の実などを取り除きます
けっこう色がまだらです
小米抜き機
パキッ
形もまだら…
まだら!
精米で割れたお米や小さい粒などを除去します
各種精米機
などなど
一連の作業を一度に行うと楽だけど…お米の温度が上って品質が落ちると困るので、2~3回に分けて丁寧に精米作業をくり返しています

白いお米が安心して口に入るって…ありがたいですね

05 **天地米店（有限会社てんち）**
米店

住所	府中市宮町 1-34-14　デュオ府中 101
問合せ先	042-361-2511
営業時間	9：00～19：00
定休日	日曜・第１月曜（変動あり） （くらやみ祭期間中定休）

天地さんのお米は店主の小澤さんが選び抜いた品ばかり。
環境に配慮してる
品質も維持できている
この農家さんなら、大丈夫！
そのお米を今度はお客様がセレクト。
これにします
5kgくださいな
お米を選ぶとその場で量って渡してくれます。
ざっざっ
ざーっざーっ
このお米の音がよい…
わくわく
お米のはかり
もし何を買ったらいいのか迷ったら……
?
いつもはこんなお米を食べていますが…
それならこの品種が近いかも
色々教えてもらえます。
他にもカレーに合うお米がいいな
とか
お寿司にしたいな
とか
いつもよりやわらかめでー
などなど用途や好みに応じて選べます。

こうしたセレクトショップとしての役割について小澤さんは……
お米との出会いを大切にして欲しいですね
お米を選ぶ事を楽しんでいただければと思います
ぴかぴか
お米との出会いは一期一会！
幅広く選んだ生産者さんやグループのお米を更にお客様に選んでいただくー
そのお手伝いをする立場です
お客
セレクト
セレクト
米
小澤さんが嬉しいのは、品質を維持しながらお米を作っている農家さんと知り合えることと……
プロの腕
！
お客様に後日、選んだお米の感想を伝えてもらえることです。
おいしかった
もう少し△△が…
それじゃあこれは？
米
選びなおしていくのも嬉しい
「いつものお米」と言う物は本質的にないので先入感なく農家や地域を選ぶのがいいと思います
はい
毎年変わるお米に、どう対応するかは米屋のだいごみですよ
天地さんなら安心してお米の相談ができますね
ステキ
お店のロゴ
天地米店
水車のイメージです

店内には祭用品がたくさん！
はんてん
提灯
祭
闇夜祭
各種帯
足袋
ぞうり
わらじ
わくわくしますねー
おまつりワンダーランド
店主の堀江治紀さん

06 駒屋足袋店株式会社

お祭り用品

ほとんど隙間なく、きっちり商品が積み上げられた店内は、見渡すだけでワクワクしてきます。駒屋足袋店の開業は、大正5～6年頃。三代目店主・堀江治紀さんの祖父が神田の足袋店で修業をし、その後府中に戻って店舗を構えました。

堀江さんのご本家は昔、大國魂神社の例大祭・くらやみ祭りで競馬式の馬のお世話をしていたため（馬をお駒と呼ぶことから）駒屋という屋号で呼ばれていました。その呼称がそのまま店名になって今に至っています。

開店当初は足袋や野良着などを作る仕立屋さんでしたが、今はお祭り用品を主軸に取り扱っているので、忙しい時期は例大祭や秋祭りが行われる前の4月と7～8月ごろ。また市内だけではなく、他の地域からもお客様がいらっしゃるそうです。「神社や町内との信頼関係で商売が成り立っています」と堀江さん。祭り好きの府中の人々を支えている、歴史と温かみのあるお店です。

昔は一足ずつ足袋を仕立てていました
先代の頃の話ね
とんとんとんとん
こんな感じで
今は大体の商品を仕入れて販売してます
ちなみにこの台は天地米店さんの水車の一部でした
この様な木の型を布の中に入れます
布
木型
形を整えます
白丁も型紙に合わせてひとつひとつ手描きでした
墨汁で
時期によっては、よく徹夜になったそうです。
大変!!
えーっ
寝ると天井にたくさん白丁が干されてたよ
五
五
五
五
ずら――っ
お祭り用品の買い方が良くわからなくても大丈夫！
お祭用品が欲しいんですけど
あの～
どちらの町内ですか？
どちらのお祭？
ああ、それなら――
堀江さんが見立ててくれます。
場所によって装束の決まりが色々あるし、また季節によっても様々な違いがあるそうです。

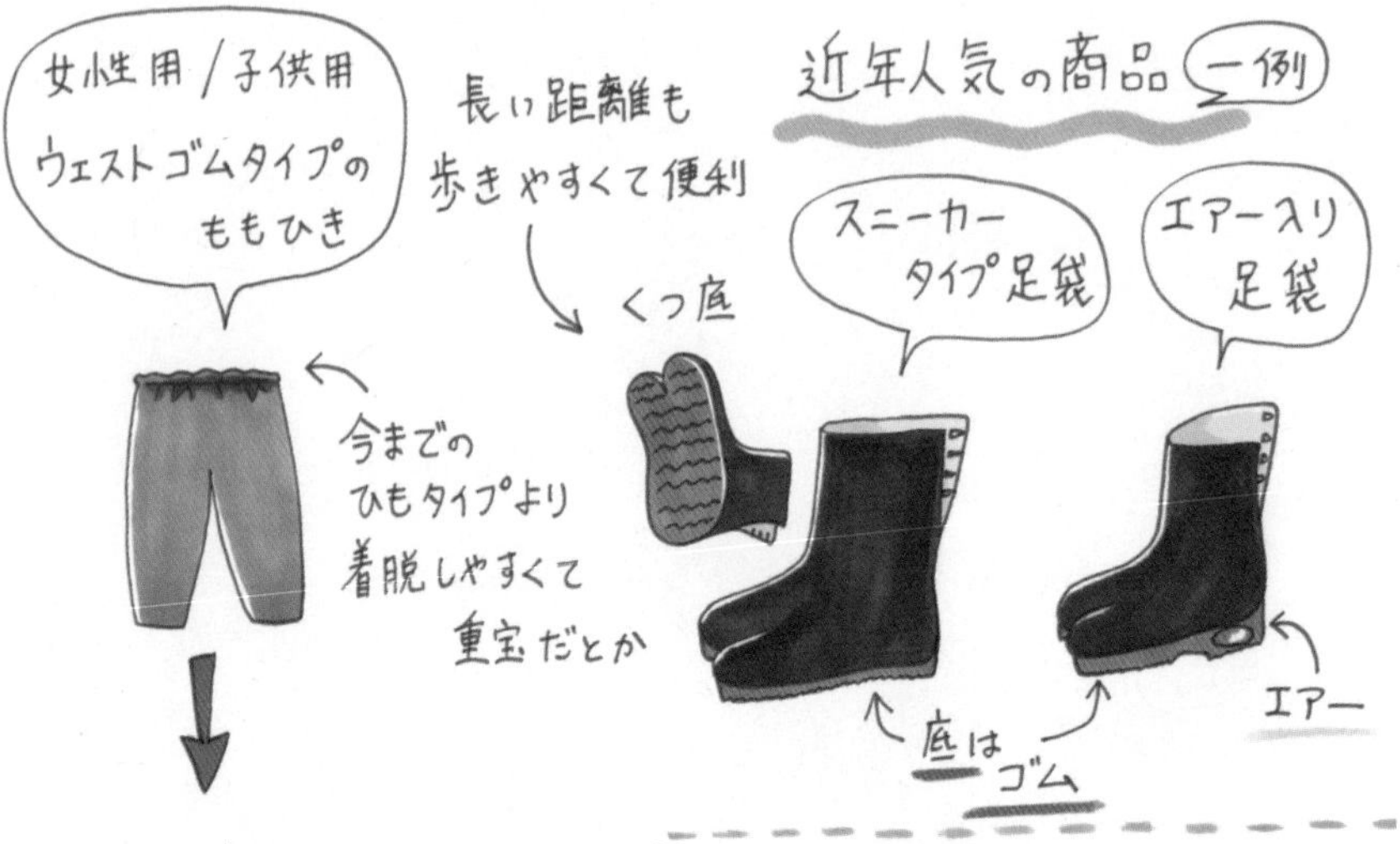
女性用／子供用 ウェストゴムタイプの ももひき
今までの ひもタイプより 着脱しやすくて 重宝だとか
長い距離も 歩きやすくて便利
くつ底
近年人気の商品 一例
スニーカー タイプ足袋
エアー入り 足袋
底はゴム
エアー

ももひきの色は主に三色

藍染め……江戸時代から使われている染めの色。

白……夏場にだけ使われる色。

黒……礼装用。カシミア素材などもある。

府中では黒がよく出ますねー

オリジナルのはんてんを作りたいと思ったら…
予算の目安は 3万5000円〜
注 素材や染め方によって異なります
制作時間は 3ヶ月〜半年ほど
誰でも作れる物ではなく、技術を要するので時間がかかる
ちなみに 相場としては
町内ごとにまとまった物を作るとしたら、一着1万円ぐらい〜

駒屋さんのこだわり

なるべく下町風（江戸前風）にしたいので、あんまりだぶだぶの衣装は勧めない様にしてます
昔うちは仕立屋だったから、体に合わせてぴったり作るくせが抜けないの
あと、実際に衣装を着せてあげて納得してもらってます
よし！

ほらこれ…
ちなみに昔、えぼしは紙で出来てたんだよ
紙!?

昭和38～39年頃、新宿町《しんしゅくちょう》（五之宮）の役員の方々が駒屋さんに相談に来たそうです。

紙のえぼしは雨に弱い
墨汁で黒くぬると、雨でおちて真っ黒に…
布で作れないかな
作れると思いますよ
色々工夫してみましょう
駒屋さん（先代）

昔のえぼし
綾織りのやや丈夫な紙
うしろに切れこみなし
ひも
文字も紙のりづけされてる
うちも同じのほしいなー
他の町内
考えてみた
先代
色別の帯で町内を区分
切れこみでサイズ調整可
府中の歴史を語る店…ですね。

06 駒屋足袋店株式会社

お祭り用品

住所	府中市八幡町１－３－13
問合せ先	042-361-8990
営業時間	10：00～18：00
定休日	火曜

← テラス席からは
大國魂神社の大鳥居が見えます
えんむすびの
マーク
さまざまな出会いの場
FUCHU
TERRACE
エディブルガーデン
ミントやセロリなど
食べられる食材を育てています
夜の雰囲気も
ステキです

07 FUCHU TERRACE（府中テラス）

カフェ＆ダイナー

大國魂神社の大鳥居前に２０１９年10月オープンした府中テラス。緑が多く自然を感じさせる店舗は、多くの方が食事や憩いの場として活用しています。料理にはどれも深いこだわりが感じられ、例えばコーヒーに使用されている豆は、秋田の豆屋さんが実際に府中まで来てこの街の歴史や雰囲気に合った物をオリジナルでブレンド。紅茶も市内の紅茶屋さんに頼んで府中のイメージに合う葉を選んでいます。

さらにすだち果皮入りの配合飼料を食べて育ったヘルシーな阿波すだち鶏の使用や店頭で新鮮な野菜やハーブの栽培を行うなど、この街の風土を尊重し、生産者さんが安心安全に作っている食材を消費者に届けるよう心がけています。また、メニューの一部やドレッシングなどはテイクアウトも可能です。食を通じて人々が出会う所、地元や地方の食材と出会える所、そんな様々な結びや繋がりを大切にしながらこの先も府中のハブスポットを目指して営業しています。

おすすめメニュー一例
からあげ 色々
ごまにんにくのオリジナルソース
美味
ガーリックからあげ
すだち鶏むね肉のフリット
ごくちー 極鶏からあげ
人気のローストポーク丼
ビーフもあります
国産銘柄豚使用
もちかえりできます!
ミントジンジャーエール
お店で育成しているミント!
季節限定です♥
非加熱・無添加スロージューサー使用の生ドレッシングも販売しています
各種大人気!
府中テラスサラダ
半熟たまごをからめます
色どりキレイ♥
水出しコーヒー
じっくり8時間かけて1滴1滴抽出
しっかりした苦みと渋み!! 豆の風味が広がります
ICE
HOT
貴重な一杯!!
アルコールも色々楽しめます
府中産ブルーベリーのモヒートなど
FRUIT

07 FUCHU TERRACE

カフェ＆ダイナー

住所	府中市宮西町 2-2-12
問合せ先	042-407-2675
営業時間	11：00～23：00（定休日なし） ※メニューは変更する場合もあります。

蕪木青果店（本店）

店先には新鮮な
野菜や果物がたくさん！
美味しくて質の良い物を仕入れて売っています
店主
蕪木淳二さん

08 蕪木《かぶらき》青果店・カブラギ商店

青果業 他

日々市場から新鮮な野菜や果物を仕入れている蕪木青果店は、先祖代々この地で商いを営んでいます。職種も青果業を名乗る以前は「甘藷商《かんしょあきな》い」の肩書で商売をしていた記録が、古い文献に記載されています。

　宮町にある店舗が本店で、店先にはその季節に応じた美味しくて質のいい野菜や果物が、数多く並んでいます。

　また、幸町にあるカブラギ商店は、のれん分けした支店に当たります。こちらは野菜の他に食料品、米、酒、たばこなども取り扱っていますが、中でも人気が高いのは、江戸時代から受け継がれて来た秘伝のぬか床で毎日漬けている漬物です。これは蕪木さんの父方の祖母の家で、お嫁入りのたびに床分けされてきた、他からの混じりっ気が一切ない蕪木家の歴史そのものの味です。長い時間をかけて幾層もの世代が受け継ぎ、今の時代に美味しい食材をお届けしている。歴史ある府中の街と共に歩んできたお店です。

カブラギ商店（支店）

野菜や果物の他に、酒、米、食料品などいろいろ取り揃えています。

米
カブラギ商店
食品・野菜・酒
夏には梅干しを干す
光景が見られることも

先祖代々…
大田区
武蔵小杉から矢口へ
矢口から府中へ
床分けをつづけた秘伝のぬか床です
娘へ
嫁へ
江戸時代からずっとこの家だけに続くぬか床です
漬物のルーツはここから
大人気のつけもの！
ずーっとつづけてます 8
昔は甘藷(かんしょ)商い。屋号は「いもや」でした

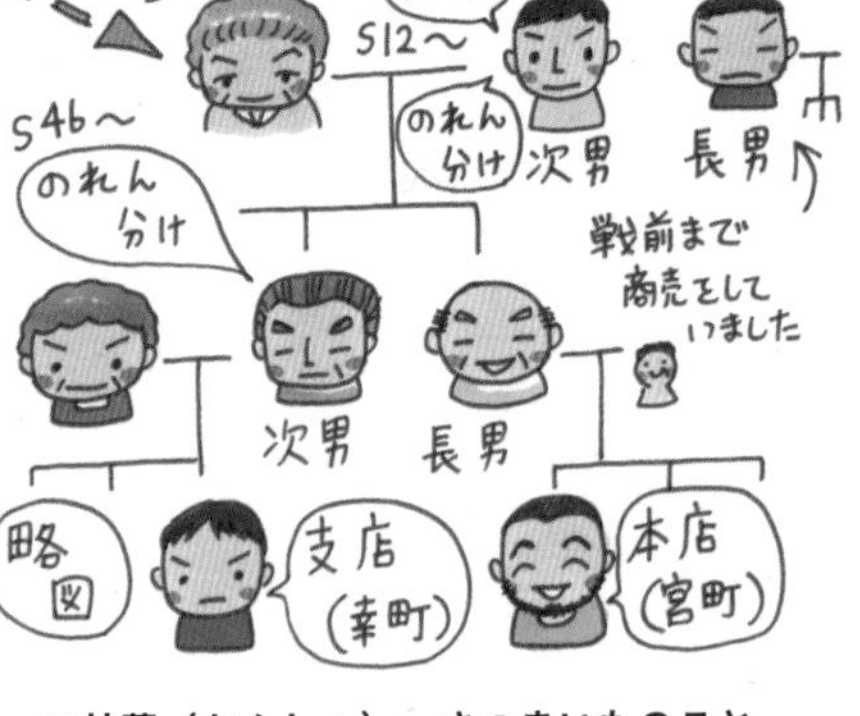
本家
分家
S12～
のれん分け
次男
長男
S46～
のれん分け
戦前まで商売をしていました
次男
長男
略図
支店（幸町）
本店（宮町）

※甘藷（かんしょ）…さつまいものこと

08　①蕪木青果店／②カブラギ商店

青果業 他

住所	①府中市宮町 1-22-3 ②府中市幸町 2-1-2
問合せ先	① 042-361-3680 ② 042-362-5229
営業時間	①平日　7：00～19：00 土日　8：00頃～19：00 ②平日　7：00～19：00 日曜　8：00頃～19：00
定休日	①水曜　②なし

column 府中の気になるもの いろいろ

被爆樹木二世アオギリ

平成28年、広島市より苗を譲り受け植樹したアオギリ。白糸台掩体壕《えんたいごう》の敷地内にあります。

親木は半身が爆風で焼けただれても生き残りました
生きる希望をもらえる木ですね
学芸員さん

平和の木

普門寺の絵馬とお目玉

御本堂に祀られているお薬師様（宮町薬師如来）は、眼の仏様。毎年9月12日、縁日の際に「お目玉」が配られます。

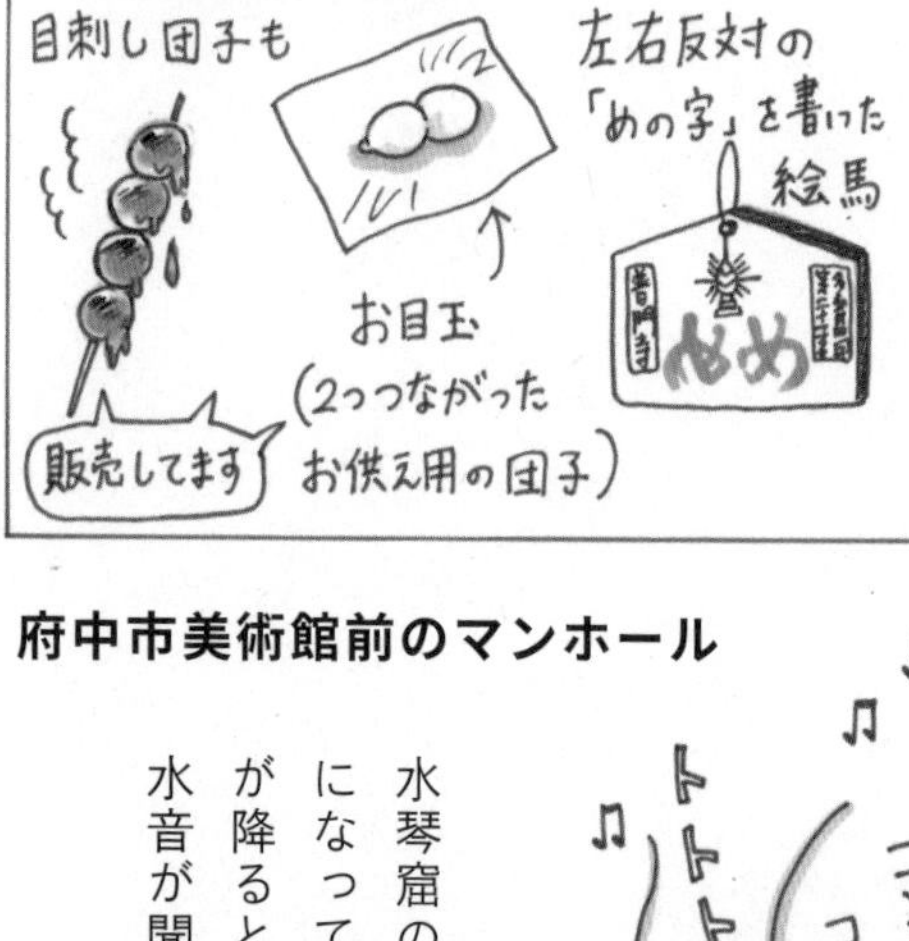
目刺し団子も
販売してます
お目玉（2つつながったお供え用の団子）
左右反対の「めの字」を書いた絵馬
めめ

府中市美術館前のマンホール

水琴窟のような仕組みになっているので、雨が降るとリズミカルな水音が聞こえます。

トトトトト
コンコンコンコン
敷地内に降った雨水は地中に還元しています…とかかれています

高安寺 弁慶の硯井戸

ふたがしてあるので
中は見られません

義経と弁慶が立ち寄り、この井戸の水で墨をすり写経したと伝えられています。

ムサシノキスゲ

府中の北東にある浅間山公園にだけ自生する珍しい花。5月中旬ごろが見頃です。可憐な姿をしています。

お墓参りの時は近道

地獄坂

大國魂神社の東側から妙光院に続く坂。別名「暗闇坂」とも呼ばれています。

極楽橋
ちなみに是政《これまさ》には
極楽橋と書かれた
碑があります

車止め・いろいろ……

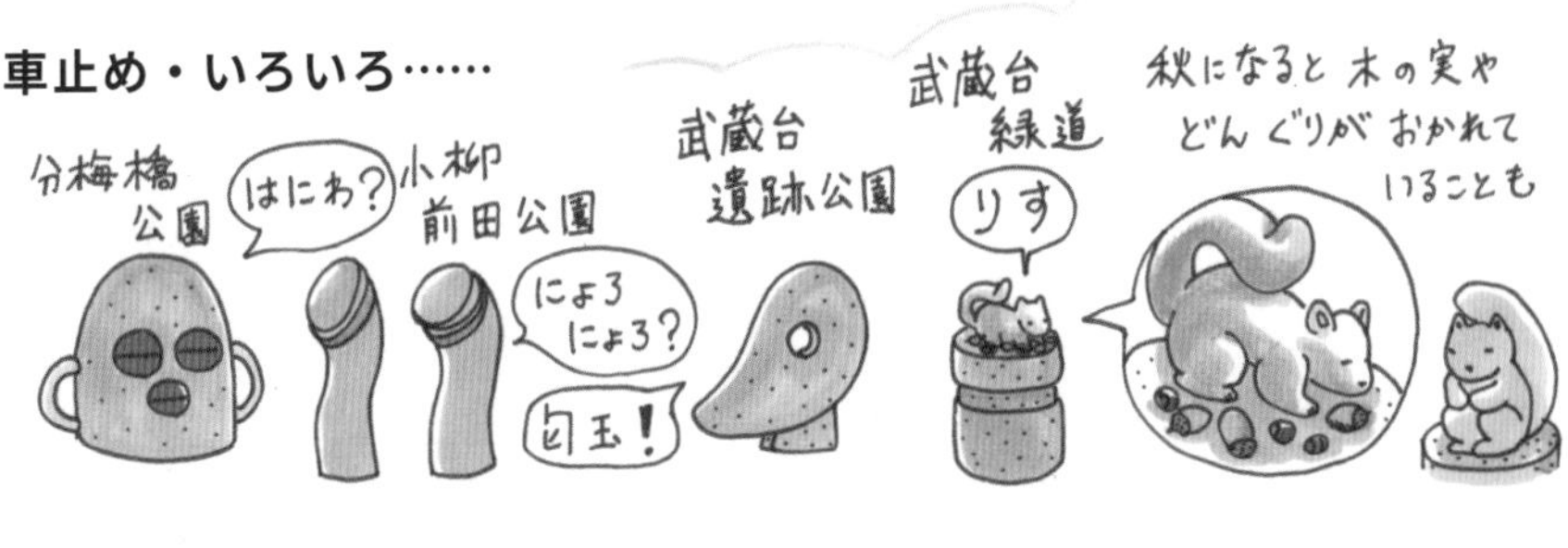
分梅橋公園
はにわ？
小柳前田公園
によろによろ？
勾玉！
武蔵台遺跡公園
武蔵台緑道
りす
秋になると木の実やどんぐりがおかれていることも

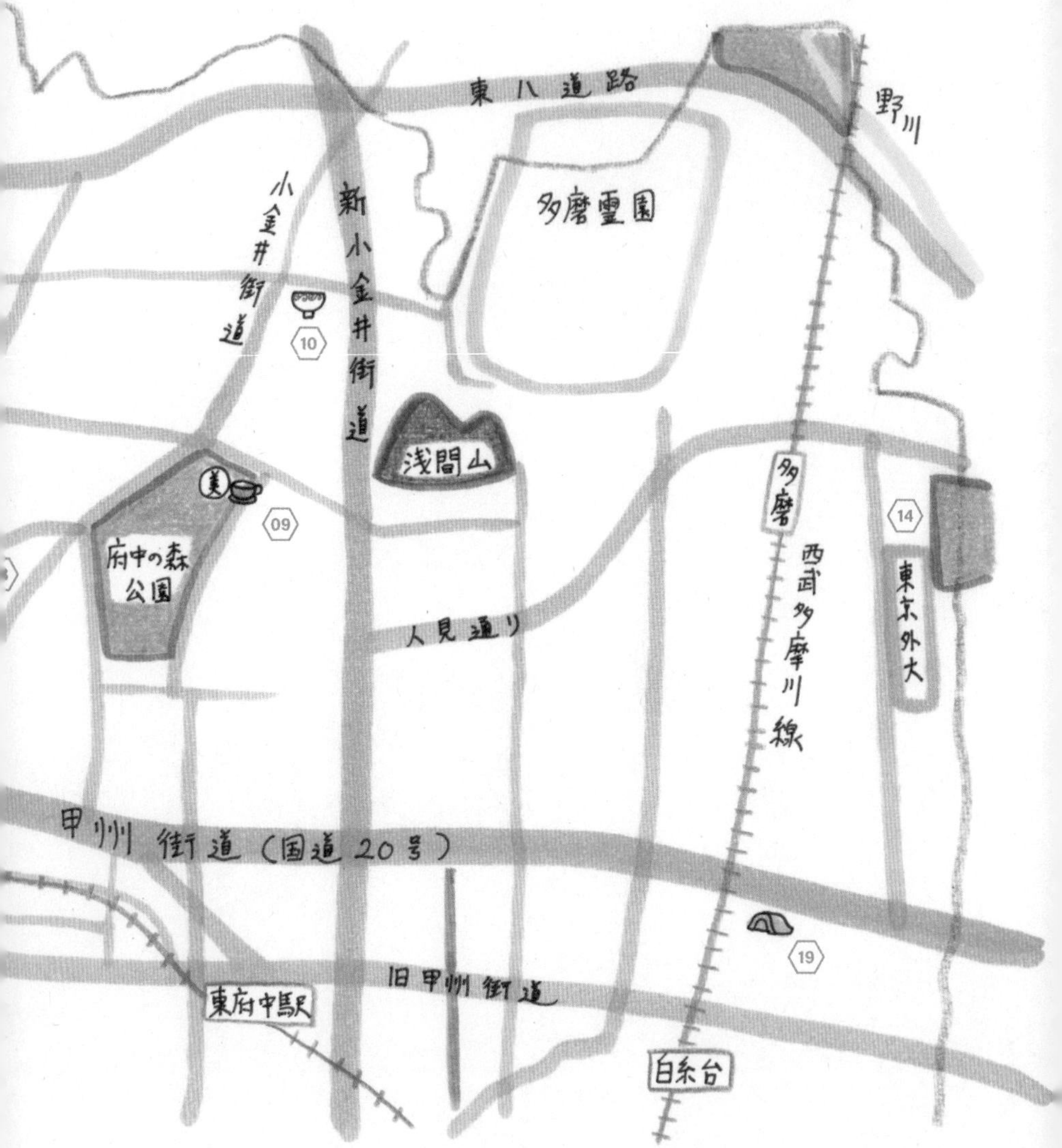

- 08 カブラギ商店
- 09 府中乃森珈琲店
- 10 萬来軒
- 11 明星学苑
- 12 カットサロンアベ
- 13 お食事処 いなり木
- 14 東京外国語大学
- 15 手打そば 松里家
- 16 美容室 fu
- 17 有限会社 池田商店
- 18 Cafe Dining MIYOSHI
- 19 武蔵台遺跡公園 / 白糸台掩体壕
- 20 武蔵府中熊野神社古墳

N
19
17
東八道路
明星
11
新府中街道
府中街道
国分寺街道
東京農大
ふじみ通り
18
すずかけ公園
さくら通り
けやき並木
15
20
16
JR
南武線
京王線
府中
西府
旧甲州街道
大國魂神社
下河原緑道
分倍河原

Chapter

2 府中市北部 Northern Area

府中市美術館に
隣接しています
自然豊かなロケーション
テラス席は
ペットも可です

09 府中乃森珈琲店

fuchu art museum café

2020年7月、府中市美術館内に新しくオープンした府中乃森珈琲店。親会社の株式会社COCOROTUSは、キッチンカーでの移動販売や、市内でも他の店舗を経営している経験があり、そうした今まで培ってきた様々なノウハウをこの新しいカフェでも活かしています。

美術館という場所柄、企画展ごとに展示されている作品の雰囲気に合わせた限定メニューも用意しています。また自家製のシロップを用いたドリンク類や、府中産の地元野菜や有機玄米といった旬の物を取り入れたランチなど、体に優しいヘルシーなメニューが多いことも特徴です。なにより美味しいコーヒーを淹れるため、豆に対するこだわりは強いものがあります。

今後は店内での展示や、ワークショップの開催も考えているというマネージャーの宮川亜弓さん。「ここをいろいろな方が介在する場所に出来れば」との願い通り、府中の新しい憩いと共有の場になりそうです。

DRINK
スペシャルティコーヒーや
自家製シロップを用いた
オリジナルの美味しさを追及
展示ごとの
限定メニューの登場！
FOOD
有機玄米や
旬の地物野菜や
無農薬の果物などを使用
順番待ちの札も
絵画がモチーフ
作品を
イメージした料理も！
ヘルシー
WORKSHOP
店内を用いた
様々なワークショップや
展示も開催予定！
LOGO
府中乃森珈琲店の
特徴あれこれ
お店のロゴマークは
市内在住の絵本作家
もとやすけいじさんが
作成しています
人々が集まれる
楽しい場所に!!
「地下のデイジー」
と言う
故・若林奮さんの
作品がモチーフです
自然豊かな環境
四季折々のキレイな
風景を楽しめます

美術館利用者は
もちろん…
公園を使われている方々も
自由に立ち寄れる場です
美術館の
敷地にあります
スポーツ後に
散歩中に
見えない
部分が多い
作品です
ペットと
共に

店内では
スペシャルティコーヒーを
取り扱っています。
スペシャルティって何ですか？・
おいしい
豆からカップまで総ての段階において一貫して体制・工程・品質管理を徹底しているコーヒーのことです
マネージャーの
宮川亜弓さん
なのでどこどこ産のどんな製法で作られているか…など
味の方向性が楽しめます
From Seed to CUP
通ですねワインの楽しみ方みたい
たしかに雑味がないし
個性的な味わい
またフレンチプレスも使っています
豆本来のおいしさを堪能できる飲み方です
コーヒー豆の
育った国柄や
農園、品種や
製法の個性を
一番引き出し
てくれる淹れ
方だそうで
す。
これは何？
さっ
ひいた豆を入れる
湯をそそぐ
数分待つ
押す

メニュー一例
日替りのスープ
有機玄米や地物の有機野菜などを使用
美術館のキャラクターぱれたんのデザートも！
キーマカレープレート
くるくる
自家製ピクルス
野菜や果物たっぷり
バニラアイス
色あざやかな自家製クリームソーダ
緑深い府中の街をイメージしたこだわりのスペシャルティコーヒー
オリジナルデトックスウォーター
豆の風味がよい
あと味もさわやか
府中乃森ブレンドコーヒー

09 **府中乃森珈琲店**
fuchu art museum café

住所	府中市浅間町 1-3（府中市美術館内）
営業時間	10：00～17：00（LO16：30）
定休日	月曜（祝日の場合は翌日。年末年始、臨時休業あり）

セットメニューには
小ラーメン＆排骨丼《パーコーどん》も
あります
カリッカリッの
味付け豚ロースの
肉あげ
人気メニューの
排骨担々麺《パーコーたんたんめん》(¥990)
ごはんの上に
カリッとあがった
パーコー
さっぱりとした
塩気と出汁が
効いているスープ
マイルドな
辛さが美味!
あとをひく
絶妙なおいしさ!!
中太の
もちもち麺
排骨は本来は骨付のバラ肉ですがうちでは食べやすいように、ロース肉に代えています
店主の下山さん
おいしい
おいしい
ずずーっ

10 萬来軒《ばんらいけん》

中華料理

カリッと揚ったロース肉が美味しい排骨担担麺は、人気メニューの一つ。中華料理の萬来軒は大正13年に幡ケ谷で開業した歴史ある店舗です。戦火や建て直しによる移転を経て、昭和45年から府中の北東部である浅間町の地で営業を続けています。

扱っているメニューは実に多彩で、麺類やご飯ものの定番以外にも、一品料理や少量メニュー、セット物、そしてアルコール類など様々です。

店主の下山善則さん曰く「浅間町は府中の中でも後発の土地なので、街中（府中駅周辺）のようにお祭り等で盛り上がる要素が多くありません。だから地元の商店会で町おこしになることを企画するなど、地域の繋がりが強い場所だと思います」とのこと。実際に毎年開催されている町内のハロウィン祭りは、府中で最初に浅間町が開催したとの説もあるほど例年賑わっています。お店には近所の方々や勤め人、家族連れなど連日多くの方が訪れます。

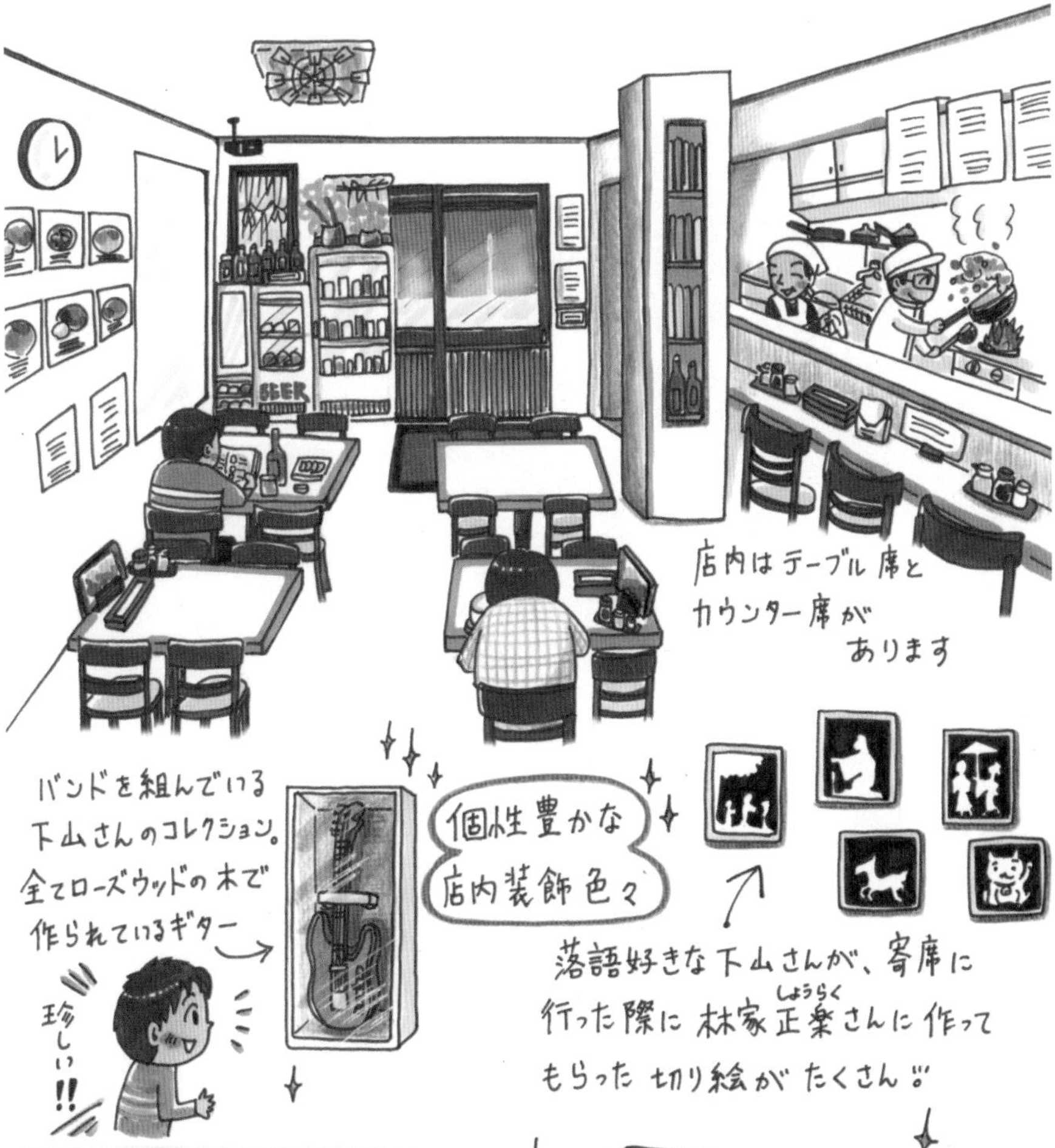
BEER
店内はテーブル席と
カウンター席が
あります
バンドを組んでいる
下山さんのコレクション。
全てローズウッドの木で
作られているギター
珍しい!!
個性豊かな
店内装飾色々
落語好きな下山さんが、寄席に
行った際に林家正楽《しょうらく》さんに作って
もらった切り絵がたくさん

大きな水そうも子供たちに
人気です

10　中華料理　萬来軒

中華料理

住所	府中市浅間町 2-4-19
問合せ先	042-361-3285
営業時間	11：00～14：30 17：00～21：00（20：30 LO）
定休日	水曜・木曜

美しい!
中学校と高等学校の
校舎には、重厚で
素敵な図書室があります

11 明星学苑

MEISEI 私立中学・高等学校

府中に開校してから100年近い歴史を持つ明星学苑。ここには幼稚園から高等学校まで多くの生徒さんが通園・通学しています。市内ではよく知られている親しみある私立校ですが、通常は非公開なので内部を知る機会はあまりありません。今回、取材の許可を得て訪問すると、そこには重厚で趣のある美しい図書室、最新鋭の体育施設、お洒落なカフェテリア……。至る所に伝統と革新を感じさせる空間が広がっていました。カフェには明星ランチという気になる名称のメニューもありました。こちらは学園祭の時には一般の方も利用できます。(食事内容は日替わりです)さらに当日は、生徒さんが行っている屋台村もクオリティが高くてお勧めだそうです。

府中にこんなに素敵な場所があったなんて、と街の新たな魅力に気づかせてくれるような学校でした。

苑内には、百年近い歴史を感じる伝統的なものが多くあります。

CAFE TERIA
お洒落なカフェテリアもあります
明星ランチやフライドポテトが人気です♥
この日はラーメンも
趣きのある記念館(昔の校舎)
学祭(明星祭)の時は一般の方も利用できます!
同時に屋台村もおすすめです
明星学苑
中等部高等部の制服
デザインがステキな古時計が各所に!
高2の生徒さんが難関のプレゼンをくぐり抜けて出店している、クオリティの高い内容です!!
二宮金次郎の像もあります
小学生の制服

11　学校法人明星学苑

私立中学・高等学校

住所	府中市栄町 1-1
問合せ先	042-368-5111
備考	学校内は通常非公開。 ただし例年９月開催の 学園祭時は見学可能。

女性のお客様が
来た時はカーテンで
仕切る事も
春には満開の
桜並木が
キレイです
好法《よしのり》さん
阿部敬一さん
とし子さん

12 カットサロンアベ

理容室

春になると満開の花々が大変美しい桜通りに面した理容室、カットサロンアベ。四季を通じて綺麗なロケーションが楽しめるこのお店では、親子二代、三人体制でご商売を営まれています。例えば急な用事の際に飛び込みで入店しても、すぐに対応してもらえるのは有り難い限り。

お客様は大半が男性ですが、顔そりを希望される女性客もいらっしゃるとのこと。また地元のくらやみ祭に今まで従事されてきた関係で、祭り仲間も多く来店される地元の社交場的存在でもあります。「仕上げた時、お客様の満足そうなお顔を見ることが一番嬉しいですね。また近年は府中市からの依頼を受けて、介護度3以上の方の所に出張散髪に出向いたりもします」と、阿部さんご一家。

この地に開業して間もなく50年。「お客様との信頼関係を何よりも大切にしている」と語る阿部さんのお店は、この先も地域の人にとって、なくてはならない大切な場所です。

アイロンパーマとコールドパーマ
違いわかる？
熱いパーマと冷たいパーマ
正解は薬液が違います
液1
液2
コールドパーマはぬらすとカールが出る
アイロンパーマはぬらすと伸びた様な感じになる
乾かすと形が出る
お客様の好みや髪質に応じて使いわけます

これ何かわかる？
くるくるー
正式名はサインポール

昔、髪を切ることは医療行為とみなされていた時代があり、この三色は包帯と動脈、静脈の色という説があります。(注 1)

理容道具豆ちしき

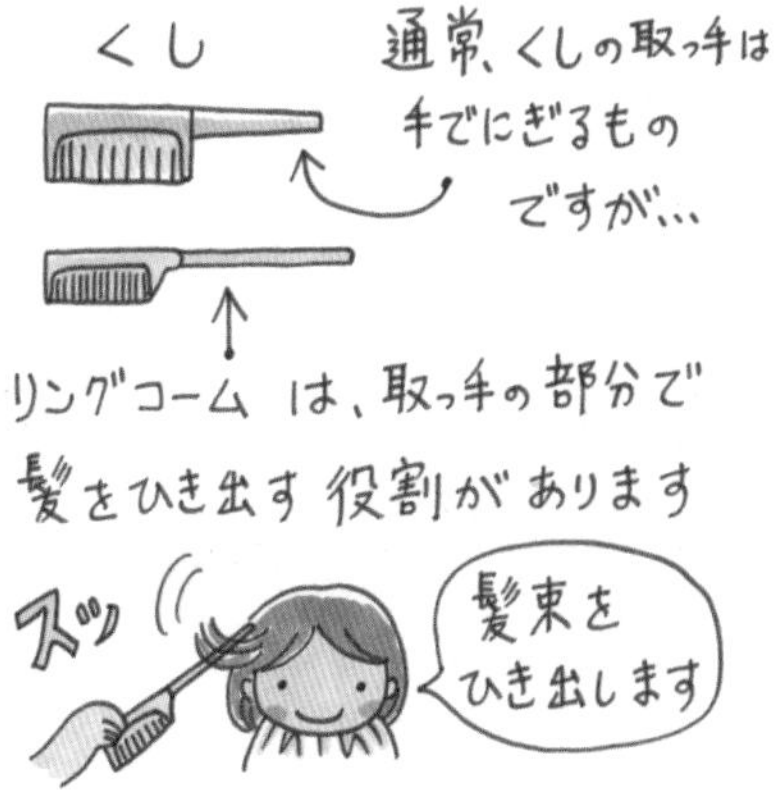
くし
通常、くしの取っ手は手でにぎるものですが…
リングコームは、取っ手の部分で髪をひき出す役割があります
スッ
髪束をひき出します

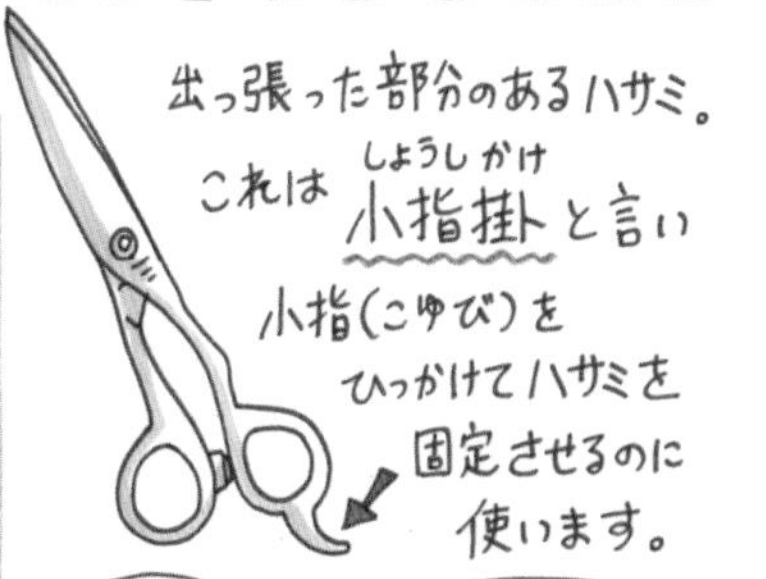
出っ張った部分のあるハサミ。
これは小指掛《しょうしかけ》と言い
小指(こゆび)をひっかけてハサミを固定させるのに使います。

静刃《せいば》が固定されると動刃だけを動かす事ができます
刈りこむ時に正確なカットをするために必要です
おお…すごいハサミさばき
さくさくさく
さくさくさくさく
動刃
固定
静刃(動いてない)

12 カットサロンアベ

理容室

住所	府中市府中町 2-20-11
問合せ先	042-363-8067
営業時間	9：00～19：00
定休日	月曜、第 1・第 3 火曜

(注 1) 諸説あるそうです

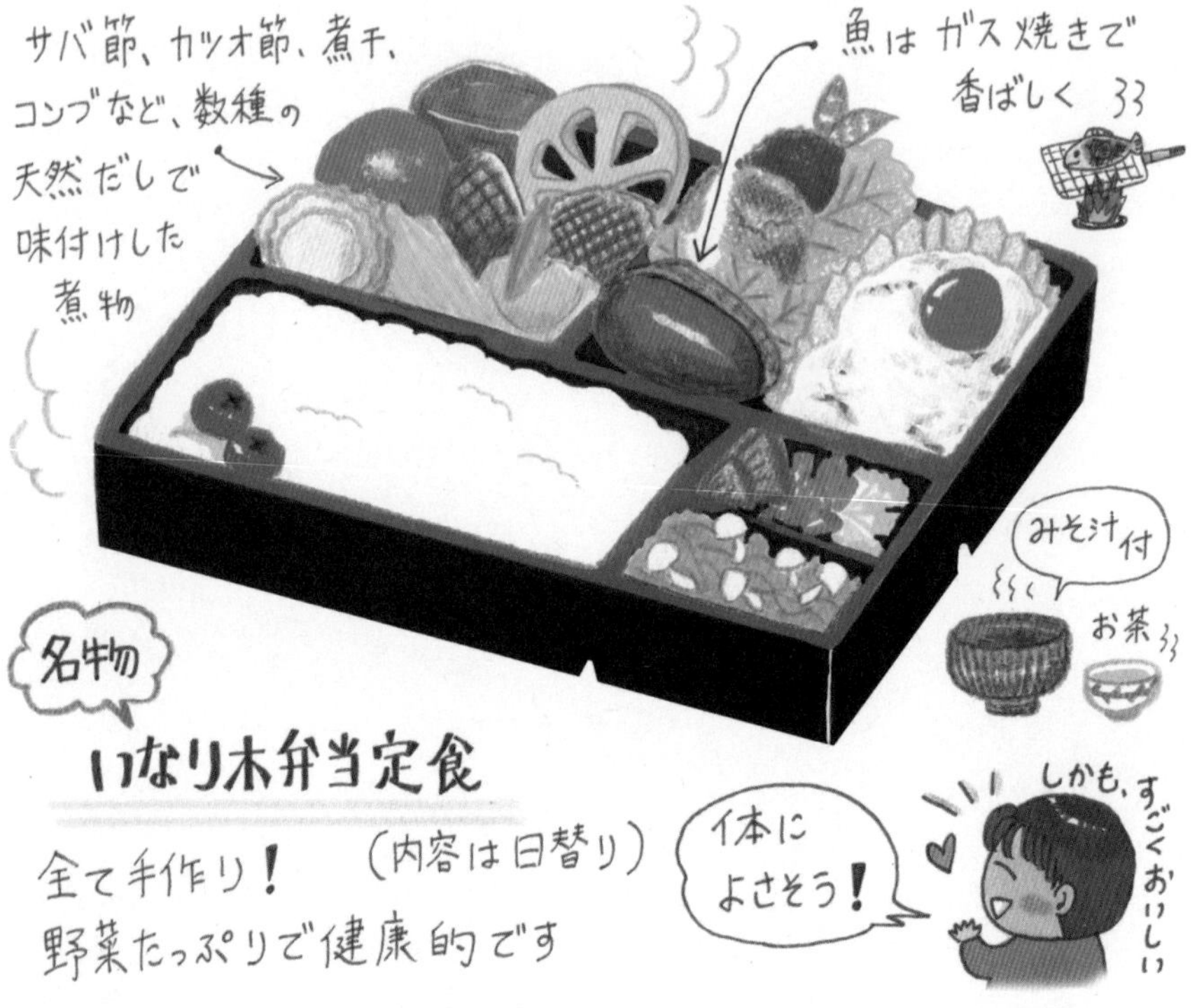
サバ節、カツオ節、煮干、コンブなど、数種の天然だしで味付けした煮物
魚はガス焼きで香ばしく
みそ汁付
お茶
名物
いなり木弁当定食
全て手作り！ (内容は日替り)
野菜たっぷりで健康的です
体によさそう！
しかも、すごくおいしい

13 お食事処 いなり木

定食とお弁当

ルミエール府中の北側、府中公園に隣接した場所にある、お食事処いなり木。ここは手作りの美味しいご飯が食べられる定食屋さん。知る人ぞ知る、府中の名店です。

メニューは日替わりのいなり木弁当定食のほか、肉や魚などをメインに毎日10種類ほどを用意しています。どの食材も丹念に下ごしらえをして、数種類の出汁を取り、彩りに配慮して作られています。何より嬉しいのは野菜がたっぷり使われている点。健康的な家庭料理を求めて、リピーターになるお客様が多いのも納得できます。

店主の加藤さんは、時には日の出前から起き出して調理の準備を始めるそうです。支度に時間がかかるため、営業時間は平日の11時半から14時までと短いですが、事前に予約をすれば夕方以降も持ち帰り用のお弁当を用意してもらうことが可能です。またご飯が必要ない方には、おかずだけを詰めた「おかずセット」もあり、こちらも人気です。

定番、日替り あわせて
毎日10種類ぐらいの
メニューが あります
とんかつ 定食
焼き魚の
定食もあります
ヘルシー♥
ぶた肉の みそいため 定食

店内で飲食ができるのは、平日の日中だけですが……
今日は仕事が忙しくてー 夕食用のお弁当 3つお願いします
はい ありがとうございます
店主の加藤さん
できたて もちかえり用 弁当
ほかほか
事前に予約をすれば、夜もお弁当を作ってもらえます。
(営業時間内の予約がお薦めです)

お食事処 いなり木
日替り定食
テイクアウトしました
お昼ごはん たのしみ♥

13 お食事処 いなり木

定食とお弁当

住所	府中市府中町 2-31-1
問合せ先	042-360-6594
営業時間	11：30～14：00
定休日	土曜・日曜・祝日

語劇上演風景
流ちょうなチェコ語
私が観たのはチェコ語劇。魔法使いの女の子のかわいいラブコメディーでした。
サクサナ、本をうばいかえしたぞ
サクサナ
サクサナ、本をうばいかえしたぞ
どっ
言葉がわからなくても大丈夫。左右に日本語の字幕がつきます
会場は大盛りあがり

14 東京外国語大学

国立大学法人

2000年に北区西ヶ原から府中の朝日町に移転してきた東京外国語大学。元は江戸時代に蕃書調所という幕府直轄の洋学研究機関として設立された歴史を持つだけあり、現在も多数の言語を学べ、留学生数も多い、世界に開けた大学として存在を示しています。

広大な美しいキャンパスは、普段から地域の方々の散歩コースとしても親しまれていますが、注目すべきは「外語祭」と呼ばれる学園祭。毎年11月後半に5日間かけて行われるこの催事は学園祭グランプリに何度も選出されているほど、豊かな個性とクオリティの高さに溢れています。

元々は2年生演じる語劇が主体の「語劇祭」として誕生したこの祭り。5日間で約30言語の劇が上演されるのが見所です。また各国の文化を理解し親しむために、1年生が行っている料理店も大人気。美味しく手軽に世界の味を楽しめます。世界が身近に感じられる絶好の機会、お薦めです。

各国の料理が味わえる屋台
1年生が、専攻語が話されている地域の料理を振る舞います。外装も学生さん達が自ら考えて作成しています!
いらっしゃいませー
フィリピン
タコス!?
世界の文化が楽しめます!!
華やかでかわいらしい民族衣装姿の学生さんもたくさん!!
HussaR
ポーランド料理店
ポンチキ
ベンガル料理
アシュン

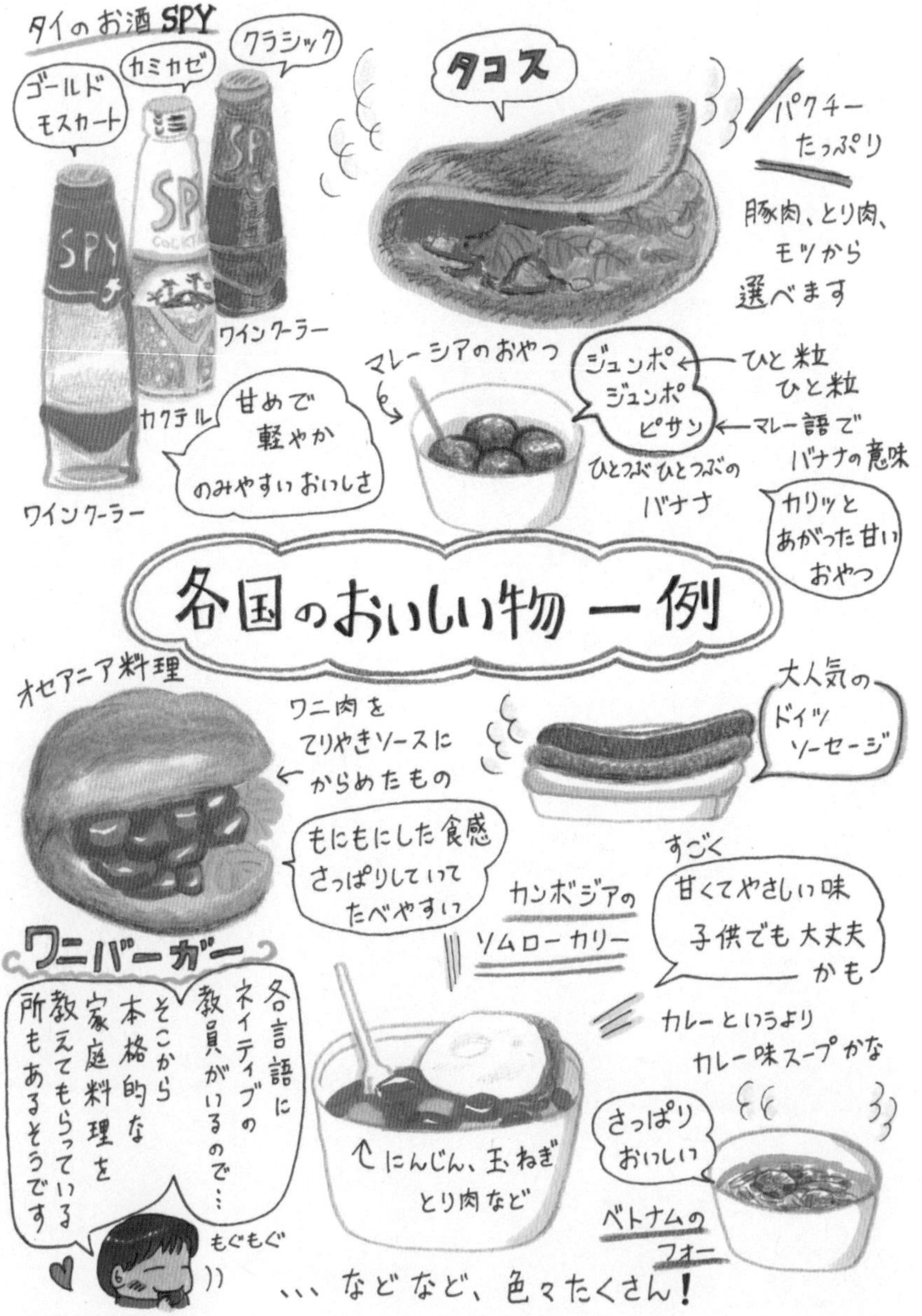
タイのお酒SPY
ゴールド
モスカート
カミカゼ
クラシック
ワインクーラー
カクテル
ワインクーラー
甘めで
軽やか
のみやすいおいしさ
タコス
パクチー
たっぷり
豚肉、とり肉、
モツから
選べます
マレーシアのおやつ
ジュンポ
ジュンポ
ピサン
ひと粒
ひと粒
マレー語で
バナナの意味
ひとつぶひとつぶの
バナナ
カリッと
あがった甘い
おやつ
各国のおいしい物 一例
オセアニア料理
ワニ肉を
てりやきソースに
からめたもの
もにもにした食感
さっぱりしていて
たべやすい
ワニバーガー
大人気の
ドイツ
ソーセージ
カンボジアの
ソムローカリー
すごく
甘くてやさしい味
子供でも大丈夫
かも
カレーというより
カレー味スープかな
にんじん、玉ねぎ
とり肉など
さっぱり
おいしい
ベトナムの
フォー
各言語にネイティブの教員がいるので…
そこから本格的な家庭料理を教えてもらっている所もあるそうです
もぐもぐ
…などなど、色々たくさん！

※ 2019 年取材時の情報です。メニューは変更する可能性もあります。

大人も子供も楽しめる
大人気のコーナー!!
特に子供たちがかわいい!!
着てみよう☆
民族衣装コーナー
赤ちゃんもお母さんと一緒に
異国気分を味わえる体験たくさん!
野外ステージ
音楽や舞踊、にぎやかに学祭をもりあげます
各種展示や模擬店
ユルタ
キルギスから輸入した本物の遊牧民のテント

などなど、世界を身近に感じる催しが満載です!!

⑭ **東京外国語大学**
国立大学法人

住所	府中市朝日町 3-11-1
問合せ先	042-330-5151
備考	外語祭は毎年 11 月後半に開催

15 手打そば 松里家

蕎麦店

創業は昭和61年。当時は国分寺に店舗を構えていましたが、平成4年にご自宅がある現在の場所に移られ、以来ずっと府中で営業を続けている、上品で繊細な味わいのお蕎麦が特徴の名店です。

注目はなんといっても店内の内装。祭り好きの店主・松野英夫さんが昔から揃えていた祭り用品や、手作りの祭りグッズなどがいたる所に飾られていて、非常に楽しくわくわくする雰囲気に満ちています。

松里家さんでは、古くから伝わる蕎麦打ちの技術「一鉢・二延し・三包丁」の全てを手作業で行っている点がポイントです。

「また十割蕎麦も、全て手打ちでございます」と松野さん。蕎麦は打ち手の個性が出るため、同じ材料でも人によって全然違う出来栄えになるそうです。

店内を見て楽しみ、お蕎麦の美味しさを堪能する、そんな何度訪れても飽きることがない味わい深いお店です。

こだわりのポイントは「一鉢《いちはし》・二延し《にのし》・三包丁《さんぼうちょう》」
全て手作業！
一鉢
二延し
三包丁
トントントン
練る
延す
切る
他にも…
TVでも紹介されました
日本そばを揚げて作った
皿里麺 サラリーメン
ゆず切りそば 他
風流・美味
季節のかわりそば
美しい盛りつけ
味もピカいちの
冷やし天そば などなど
魅力的なメニューがたくさん！
秘伝のつゆ
本ぶし さばぶし 宗田《そうだ》がつお
毎日とってるかつお出汁
と
半月間ねかして作る「かえし」
しょうゆと砂糖を煮たもの
更に
みりんをプラス
して作っています。

松里家の店名は名字の松野の文字と大好きなお祭りを合わせています！
←店主・松野英夫さん

15 松里家

蕎麦店

住所	府中市寿町 3-3-12
問合せ先	042-364-5208
営業時間	月～金　11：00～15：00（LO14：30） ・17：00～21：30（LO20：30） 土・祝　11：00～15：00（LO14：30） 17：00～20：00（LO19：30）
定休日	日曜

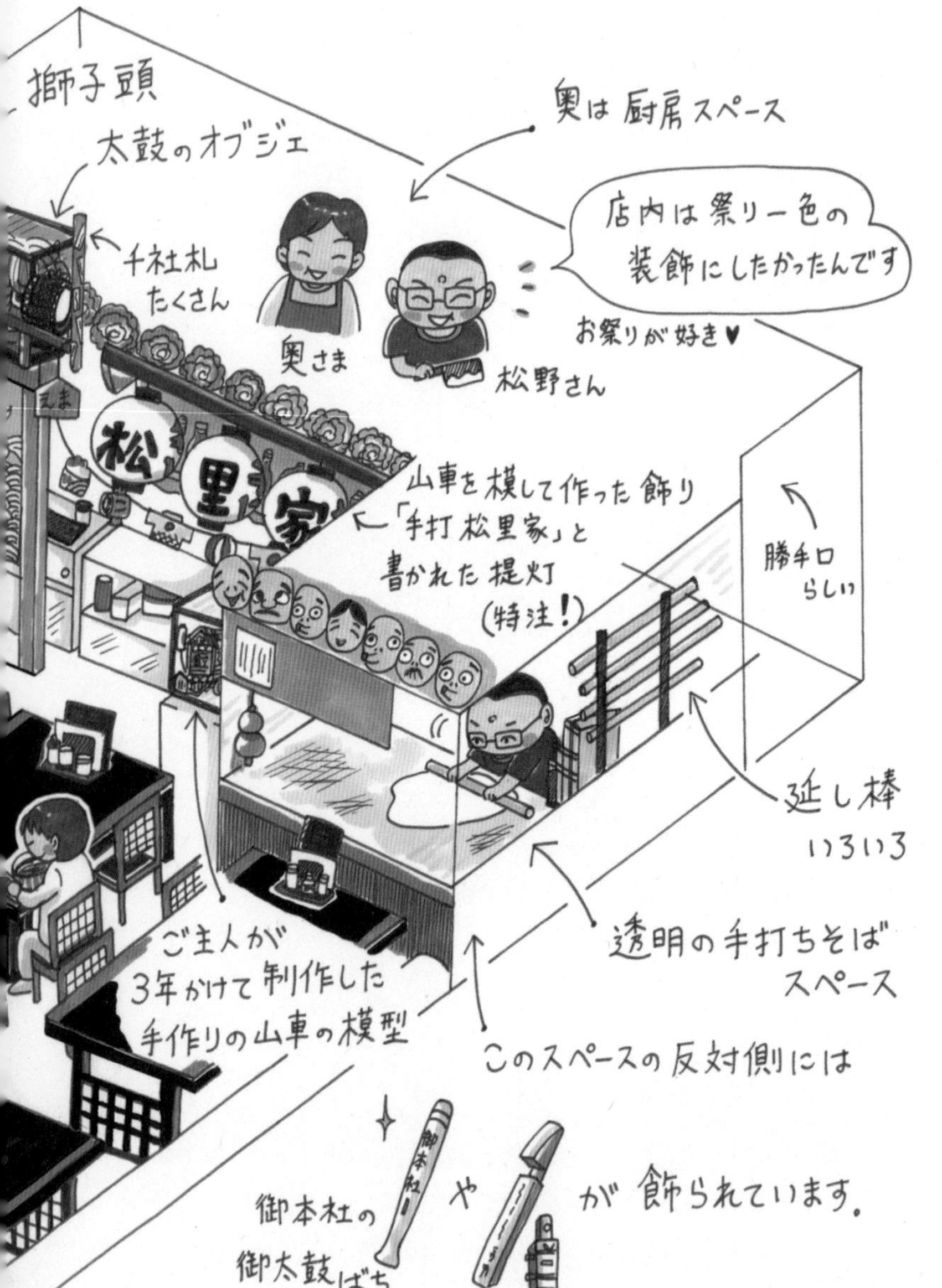
獅子頭
太鼓のオブジェ
千社札
たくさん
奥は厨房スペース
店内は祭り一色の
装飾にしたかったんです
お祭りが好き♥
奥さま
松野さん
松
里
家
山車を模して作った飾り
「手打松里家」と
書かれた提灯
(特注!)
勝手口
らしい
延し棒
いろいろ
透明の手打ちそば
スペース
ご主人が
3年かけて制作した
手作りの山車の模型
このスペースの反対側には
御本杜の
御太鼓ばち
や
が飾られています。
山車の車止め(芯棒鼻栓)

松里《まつり》家《や》鳥瞰《ちょうかん》図《ず》

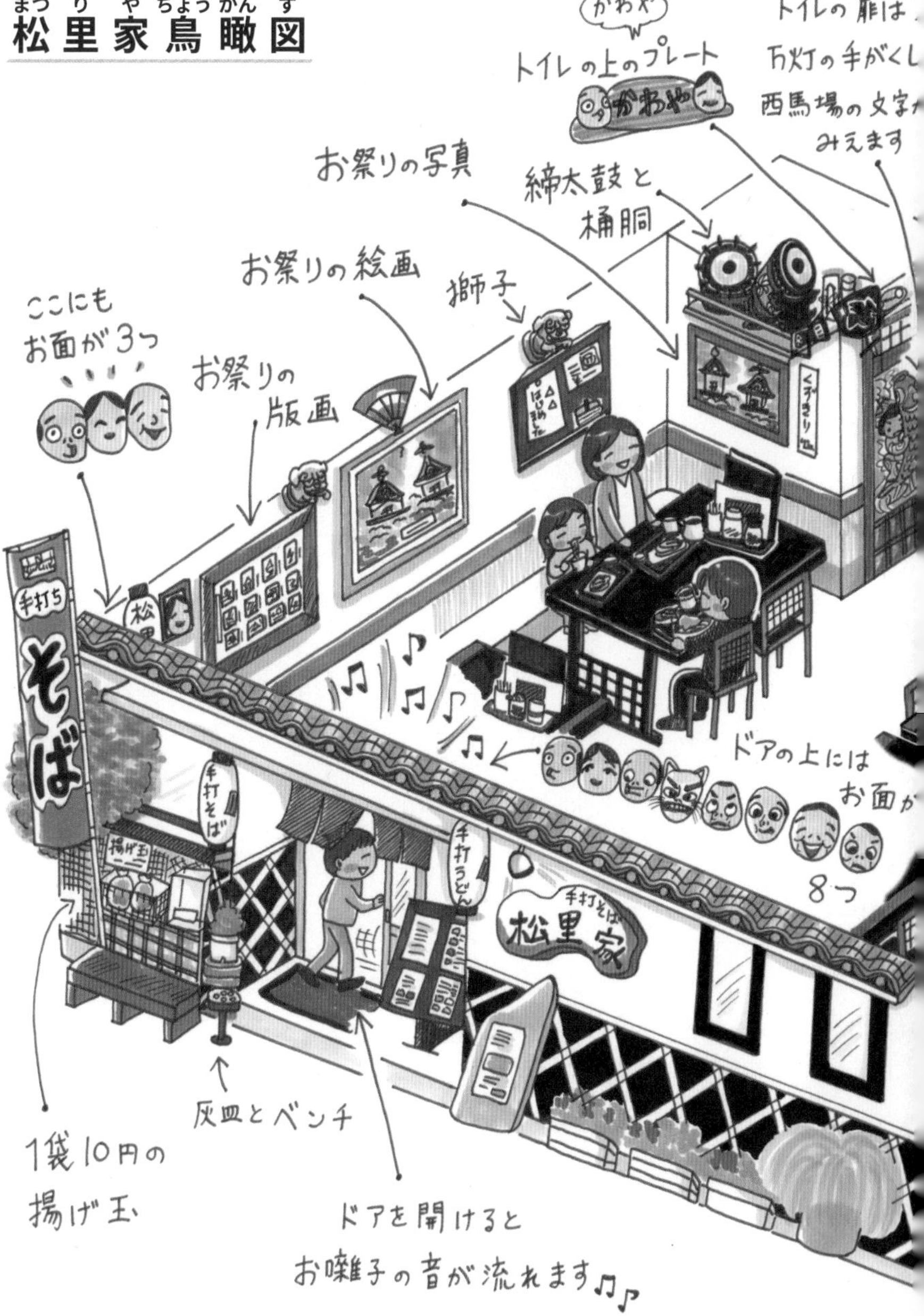

16 美容室 fu《フゥ》

美容室

初めて通りかかった見知らぬ路地に、ガラス張りの店舗がありました。そこから漏れる暖かな光に思わずホッとした覚えがあります。数年後、縁あってそのお店・美容室フゥさんを経営されている橋口武彦さんとお知り合いになりました。

橋口さんが美好町に店舗を構えたのは、今から約27年前。お店は一対一の対応が出来る、プライベートサロンの形式です。橋口さん曰く「お客様の個性を大切にし、ご相談を受けたり話し合いながら、髪質や量、生え方に応じた納得して頂けるヘアスタイルを一緒に作ることを心がけています」そんな優しくて誠実な対応に惹かれてか、リピーターになるお客様も多いそうです。また橋口さんは本業の美容師以外にも、様々な分野で地域と交流されています。「人の縁は自分が一歩踏み出すことで繋がっていく。じっとしていてもチャンスは来ない」前向きな橋口さんは店舗と同様に街を明るく照らす、灯りのような方です。

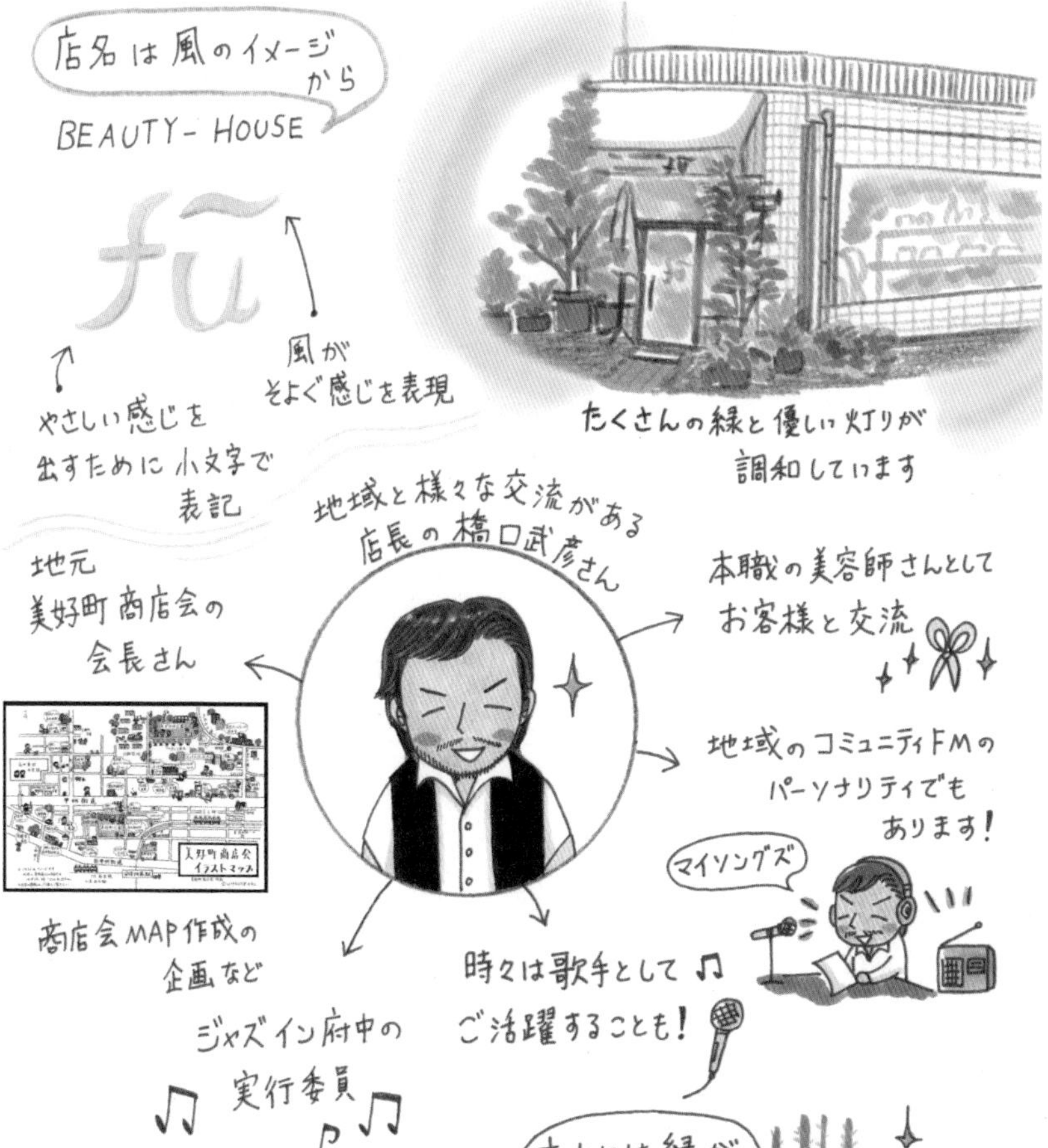

店名は風のイメージから
BEAUTY-HOUSE
fū
風がそよぐ感じを表現
やさしい感じを出すために小文字で表記
たくさんの緑と優しい灯りが調和しています
地域と様々な交流がある店長の橋口武彦さん
地元美好町商店会の会長さん
本職の美容師さんとしてお客様と交流
地域のコミュニティFMのパーソナリティでもあります！
美好町商店会 イラストマップ
マイソングズ
商店会MAP作成の企画など
時々は歌手としてご活躍することも！
ジャズイン府中の実行委員

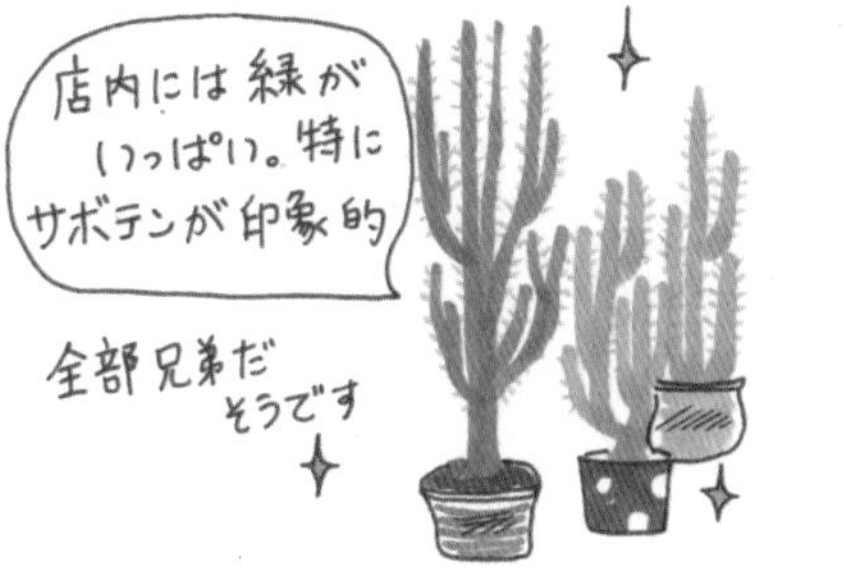

店内には緑がいっぱい。特にサボテンが印象的
全部兄弟だそうです

16 美容室フゥ

美容室

住所	府中市美好町 1-32-11 シーザーレジデンス 1 階
問合せ先	042-334-2477
営業時間	10：30 ～ 18：00（時間応相談） 電話予約優先
定休日	火曜

はい
白みそ500g
下さいな
店主の
池田和久さん
その場で希望の量を
はかってもらえます
武田伝統みそ
（白みそ）
500g 380円
量り売りみそ
3種
一番人気！
越中糀みそ
（つぶつぶ）
500g 340円
大天然みそ（赤みそ）
500g 330円

17 有限会社 池田商店

酒屋 / お味噌の量り売り

店舗の窓に「みそしる」と描かれた顔文字のポスターが貼ってある池田商店。実はこれ『みんなのみそしる君』という名前がついた、店主である池田和久さん制作のオリジナルキャラクターです。「今の世の中、人の心をふわっと温めることができたらと思って。面白いマークを作ることで、見た人の気持ちが和らぐように」との想いを込めて作られた、みそしる君。そんな池田さんのお店は、府中でも珍しい味噌の量り売りをしている酒屋さんです。

「約60年前に父が開業した時は、主に食品や味噌を売っていました。そのまま量り売りを続けている内に、今では逆に珍しいと評判になっています」と池田さん。美味しい味噌を求める客層は30〜90代と幅広く、市内外からのリピーターも多いそうです。

「商売は大変だけど、自分にしかできない仕事。やり甲斐はそこにある気がする」と語る池田さん。お店はいつも自然と人々が集い交流する、地域の憩いの場になっています。

取り扱っている商品の
中には…
電気ブラン
のような珍しい物も!!
40°
30°
店頭にある「みんなのみそしる君」
ポスター
令和もこの味で
しみそみる
はかり売り みそ
follow us
@ikedasyouten
わぁ
面白い
なんだ
これ!?
アイデア商法!!
れん樽《たる》
鏡わりの気分を味わいたい時に代貸出してます
うちでお酒を買ってくれた方にレンタルしているんですよ
お酒代＋たる代
(1000円)
便利ですねー
澤乃井
清酒
※本物は3万5千〜4万円位するらしいです
1回千円
れん樽
サービス

ボールに
お酒を入れて
中にはボールが
入っています
ボール
ふたをして
使います
たる

⑰ (有) 池田商店

酒屋 / お味噌の量り売り

住所	府中市栄町 1-5-2
問合せ先	042-361-3220
営業時間	10：00〜21：00
定休日	月曜

おすすめ
MENU
奥には
半個室があります。
パーティもできます♪
MENU
MENU
居心地がよい
テーブル席。
(お子様用のイスもあります)

18 Cafe Dining MIYOSHI

イタリアン食堂

カフェダイニング・ミヨシは、オーナーの上田さんが府中生まれ府中育ちというご縁から、２０１９年10月に美好町にオープンしたイタリアン食堂です。

メニューはどれも絶品ですが、特に肉料理がお薦め。実は上田さんは都内のレストランで料理長をしていた時、3度も肉フェスに出店された腕前の持ち主です。

さらにメイン料理だけではなく、付け合わせのサラダも野菜の甘みが良く引き出されていますし、日替わりで提供されているスープに至っては、毎日でも飲みに行きたくなる美味しさです。他にもパスタやピザなど様々なメニューがあり、アルコール類も楽しめます。また、お子様メニューもあるので、小さな子と一緒に楽しくお食事することも可能です。

「お客様に幸せな時間を提供し、心地よい気持ちで帰って頂くこと」を心がけていると話す上田さん。その想いは、料理を通じてちゃんと伝わっている気がします。

ある日の
ランチメニュー
(一例)
デミグラスソース
ハンバーグセット
野菜も
種類が豊富でおいしい!
ごはんは
少なめ、普通、大盛りから
選べます
ふんわりして
すごくジューシーな
絶品ハンバーグ!!
和風おろし玉ねぎ
ソースも選べます
スープも
季節に応じて
温冷日替りで
登場します
ラタトウィユ
プチトマト&チーズ
にんじんの
マリネ
パテ
デザート付
美味ドレッシング
おいしい!!
サラダが
つけあわせの領域を
越えている…
感動…
全てが感動の味
他にも
パスタメニューや
ピザなども選べます
肉料理や
魚料理も
ワイン

お子様メニューも
あります
わーい

18 Cafe Dining MIYOSHI

イタリアン食堂

住所	府中市美好町 2-44-3
問合せ先	042-306-7371
営業時間	ランチ　11：30～14：00 ディナー　17：00～22：00
定休日	水曜、第2・4日曜（変更の場合あり）

column 府中市の史跡いろいろ

武蔵台遺跡公園

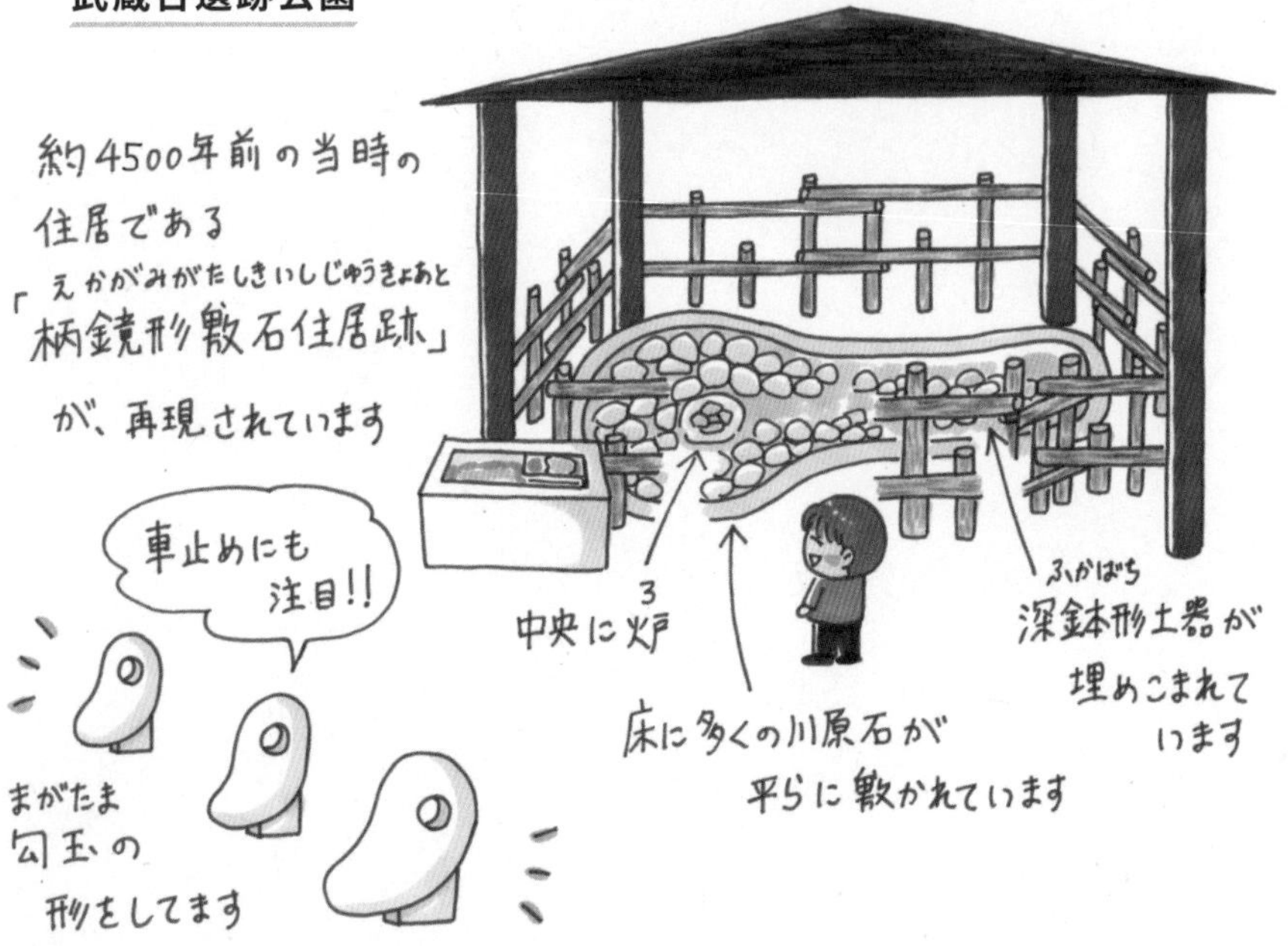
約4500年前の当時の
住居である
「柄鏡形敷石住居跡《えかがみがたしきいしじゅうきょあと》」
が、再現されています
車止めにも
注目!!
中央に炉《ろ》
深鉢《ふかばち》形土器が
埋めこまれて
います
床に多くの川原石が
平らに敷かれています
勾玉《まがたま》の
形をしてます

古くから歴史の要所であった府中には、今も貴重な史跡が数多く保存されています。

武蔵台遺跡があるのは、市内で最も古い時期に集落ができたと考えられる場所の一画です。約４５００年前（縄文時代）の敷石住居跡や勾玉型の車止め等があります。

西府町には全国でも非常に珍しい形をした武蔵府中熊野神社古墳があります。熊野神社と隣接し、神社があったことで古墳が守られてきました。また、古墳の中には入れませんが、境内の隣にある展示館には復元石室があり古墳内部の雰囲気を味わうことができます。

白糸台に現存するのは戦時中、戦闘機の防空壕として使われていた掩体壕。戦後、壕から鉄が抜き取られるなどして崩壊し、状態が悪くなった物が多い中、ここは個人所有の地に建てられ、納屋として使用されていたため、当時の姿をそのまま保っています。日々の生活の傍らにある、街の様々な物が、歴史の変遷を静かに力強く伝え続けています。

市史跡 旧陸軍調布飛行場
白糸台掩体壕

※図は資料を基にしたイメージです。

① 飛行機は近くに着地
② 人力(20人位)でひっぱって壕に入れる
③ うしろの穴から出てくる
当時のイメージ図

学芸員さんの解説付きです
ざらざらしてる…
中は少し涼しいな

普段は入れませんが年に一度、11月3日の文化の日は壕の内部を特別に公開しています。

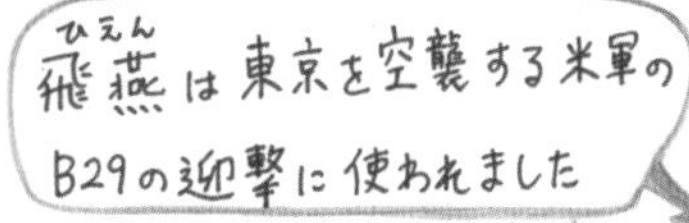

飛燕《ひえん》は東京を空襲する米軍のB29の迎撃に使われました

今はせまい空間ですが…
戦時中はもっと深さがあったそうです
半地下状態
排水口を作って水がたまらない様に工夫したり雨もり対策もされていました

19 **①武蔵台遺跡公園 / ②白糸台掩体壕**

史跡 他

住所	①府中市武蔵台 2-29 ②府中市白糸台 2-17
問合せ先	② 042-335-4393 (府中市文化スポーツ部ふるさと文化財課)

上円下方墳は全国でも10例に満たない大変珍しい型です。その中でも熊野神社古墳は、石で葺かれた上円下方墳としては国内で最も大きく、歴史も古い可能性があります。

国史跡
武蔵府中熊野神社古墳

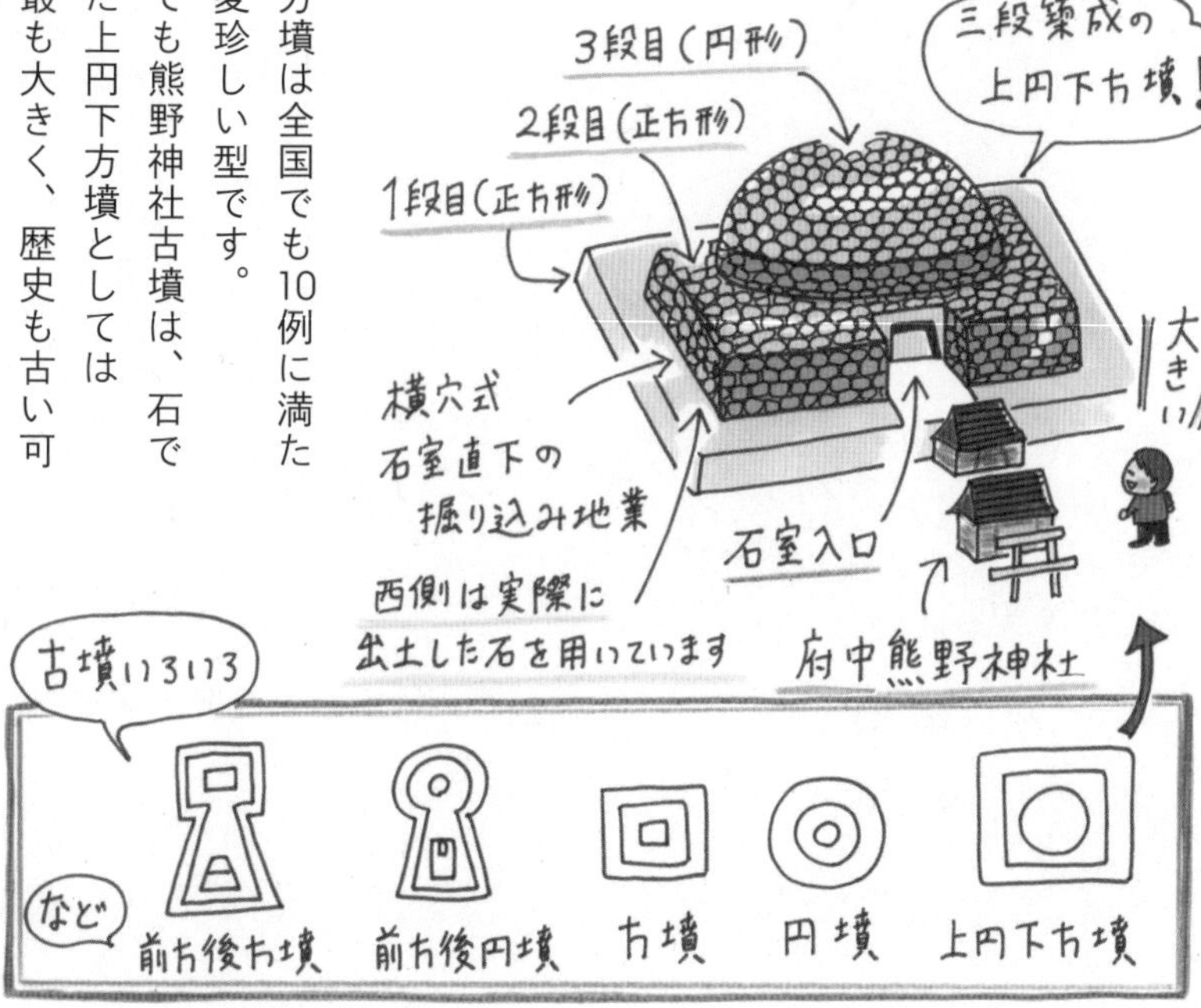
3段目（円形）
2段目（正方形）
1段目（正方形）
三段築成の上円下方墳！
大きい
横穴式石室直下の掘り込み地業
石室入口
西側は実際に出土した石を用いています
府中熊野神社
古墳いろいろ
など
前方後方墳
前方後円墳
方墳
円墳
上円下方墳

隣接している展示館は、古墳を上から見た時と同じ大きさと向きで表現しています。

窓の高さは古墳と同じ高さ
足元の舗装部分の向きが古墳と一緒

石室復元展示室

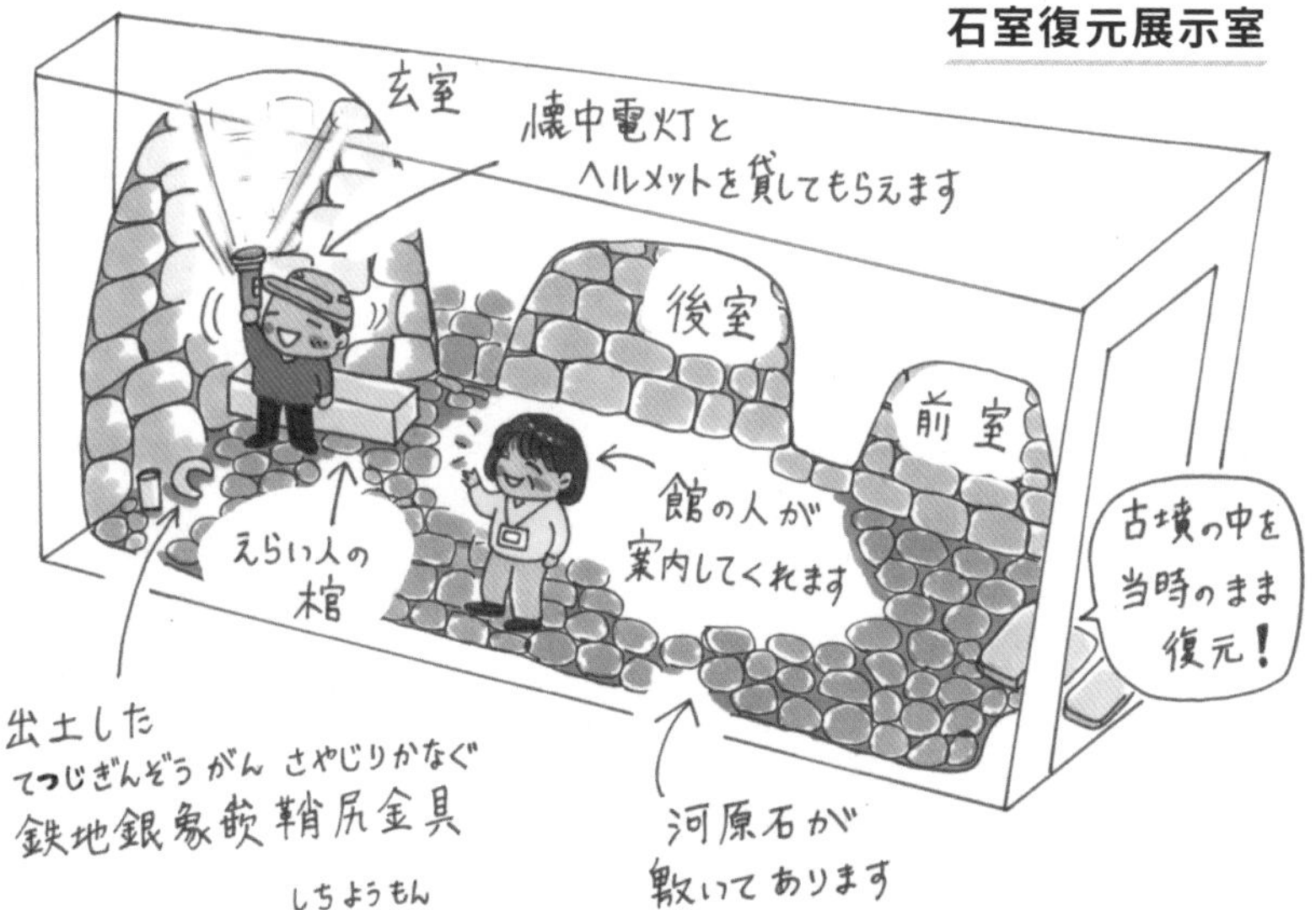
玄室
懐中電灯と
ヘルメットを貸してもらえます
後室
前室
館の人が
案内してくれます
えらい人の
棺
古墳の中を
当時のまま
復元！
出土した
鉄地銀象《てつじぎんぞう》嵌《がん》鞘尻金具《さやじりかなぐ》
河原石が
敷いてあります

七曜文《しちようもん》と言う
珍しい文様が
描かれています
鞘の
尻なので
この部分
です

古墳まつり
地元の方々が
古代衣装を
まとったり、様々な
イベントが 行われます

年に一度（秋に）古墳まつりが開催されます。

20 武蔵府中熊野神社古墳

史跡 他

住所	府中市西府町 2-9
問合せ先	042-368-0320（展示館）
営業時間	展示館は 9：00 ～ 17：00（4 ～ 10 月） 10：00 ～ 16：00（11 ～ 3 月）
定休日	月曜、年末年始ほか ※展示室の見学や、古墳まつりなどのイベントはコロナウイルスや、諸事情により中止になる場合もあります。

※七曜文……古代中国の陰陽五行思想。木・火・土・金・水と日・月を合わせた七曜に基づき考えられた文様とも。

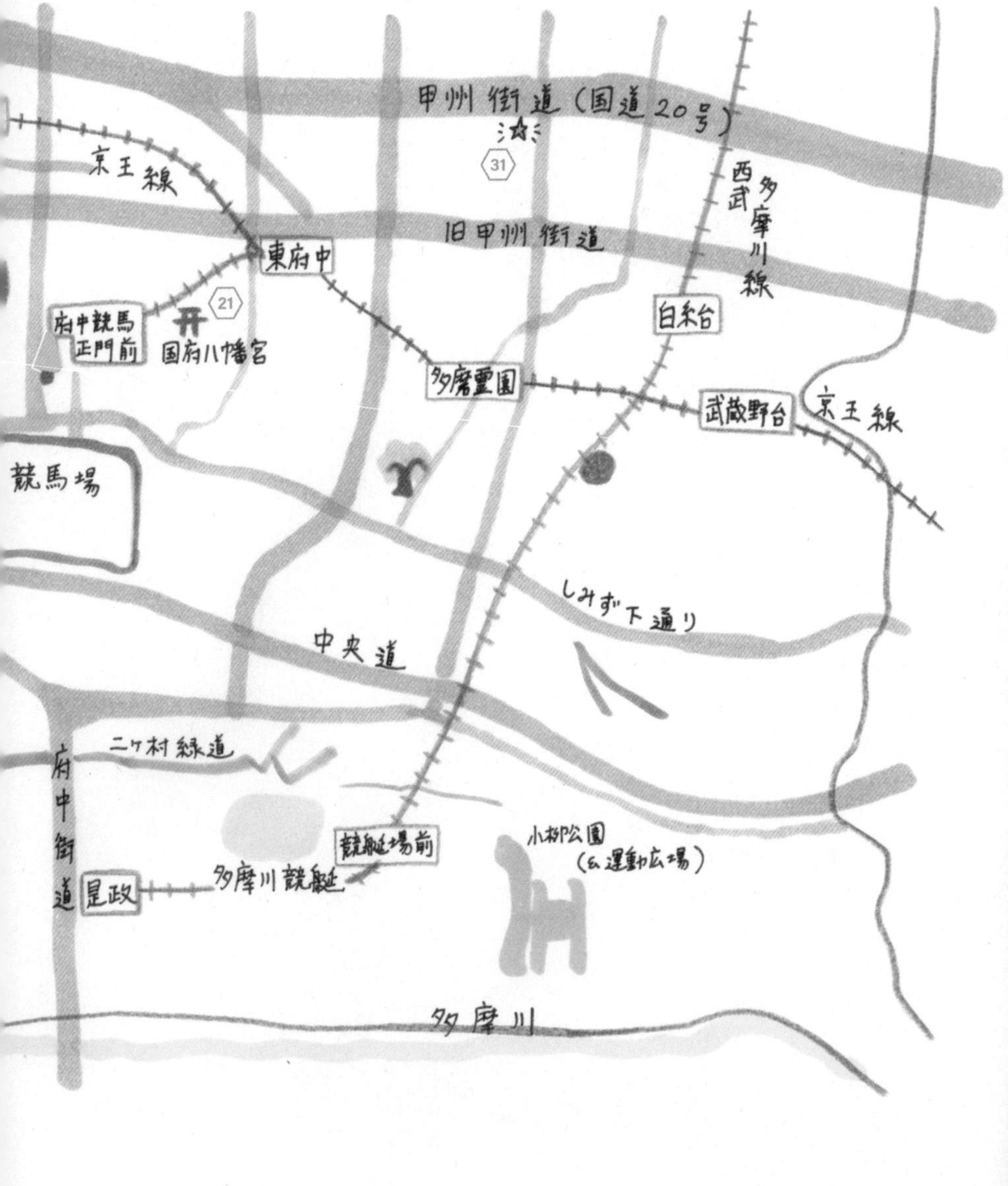

甲州街道（国道20号）
31
京王線
旧甲州街道
東府中
21
府中競馬正門前
国府八幡宮
西武多摩川線
白糸台
多磨霊園
武蔵野台
京王線
競馬場
しみず下通り
中央道
二ヶ村緑道
府中街道
競艇場前
小柳公園
（公運動広場）
是政
多摩川競艇
多摩川

21 武蔵国府八幡宮
22 とりときハウス
23 国史跡 武蔵国府跡国司館地区
24 株式会社 青木屋
25 府中市郷土の森
26 こめっこクラブ
27 府中市郷土の森博物館
28 府中市郷土の森公園
29 府中市郷土の森観光物産館
30 朝倉果樹園
31 星星峡

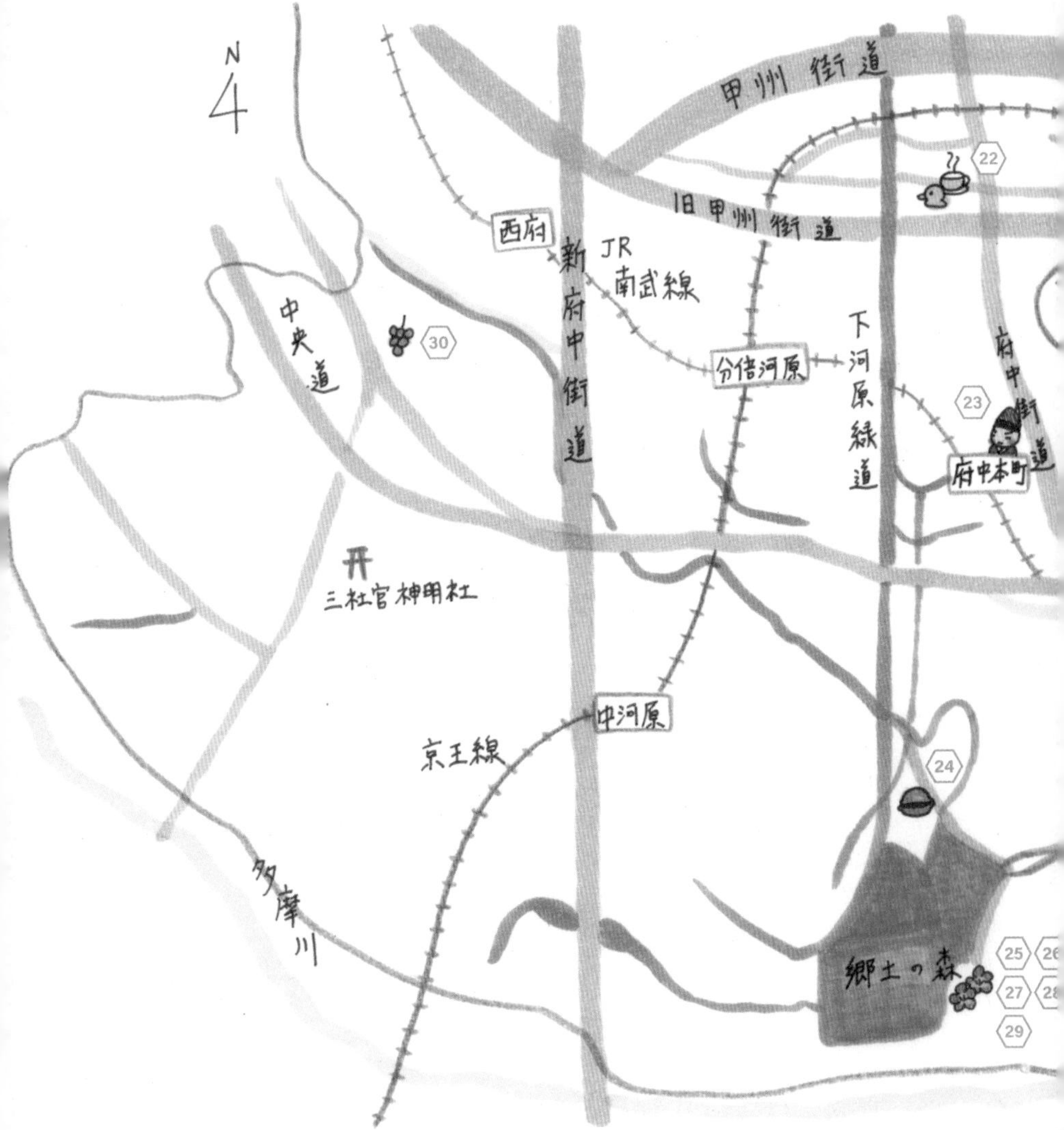
N
甲州街道
22
旧甲州街道
西府
新府中街道
JR南武線
中央道
30
分倍河原
下河原緑道
府中街道
23
府中本町
三柱官神明社
中河原
京王線
24
多摩川
郷土の森
25
26
27
28
29

Chapter

3 府中市南部 Southern Area

本殿は国府があった
西の方角を向いています
西
三之鳥居
本殿
中門
二之鳥居
参道を横切って
電車が走っています
一之鳥居
府中駅へ
旧甲州街道
門のうしろに
本殿
中門
納 奉

21 武《む》蔵《さし》国《こく》府《ふ》八幡《はちまん》宮《ぐう》

神社

奈良時代に日本を統治していた聖武天皇が、各地に国府を置くにあたり、その守り神として一国につき一社、八幡宮を創立したと伝えられています。国府八幡宮は、この地にあった武蔵国府を守るために建てられた大國魂神社の境外末社です。そのため、国府があった西の方角を向いています。

普段は鬱蒼とした木々に囲まれた、非常に静かな場所ですが、8月の例大祭の時は境内にステージが設置されたり、万灯神輿や山車、太鼓が出たり、抽選会が行われたりと、賑やかな雰囲気に一変します。くらやみ祭に比べると規模は小さいものの、どこかお祭りの原点に立ち返ったような、そんな素朴な温かみを感じます。

また、長い参道を横切って、電車が鳥居の前を走る光景も独特です。古い歴史を持った八幡宮と近代的な電車との組み合わせは、見るものにちょっと不思議な感覚を呼び起こします。

毎年8月の
氏子会例大祭の
時には、
万灯神輿が
登場します。

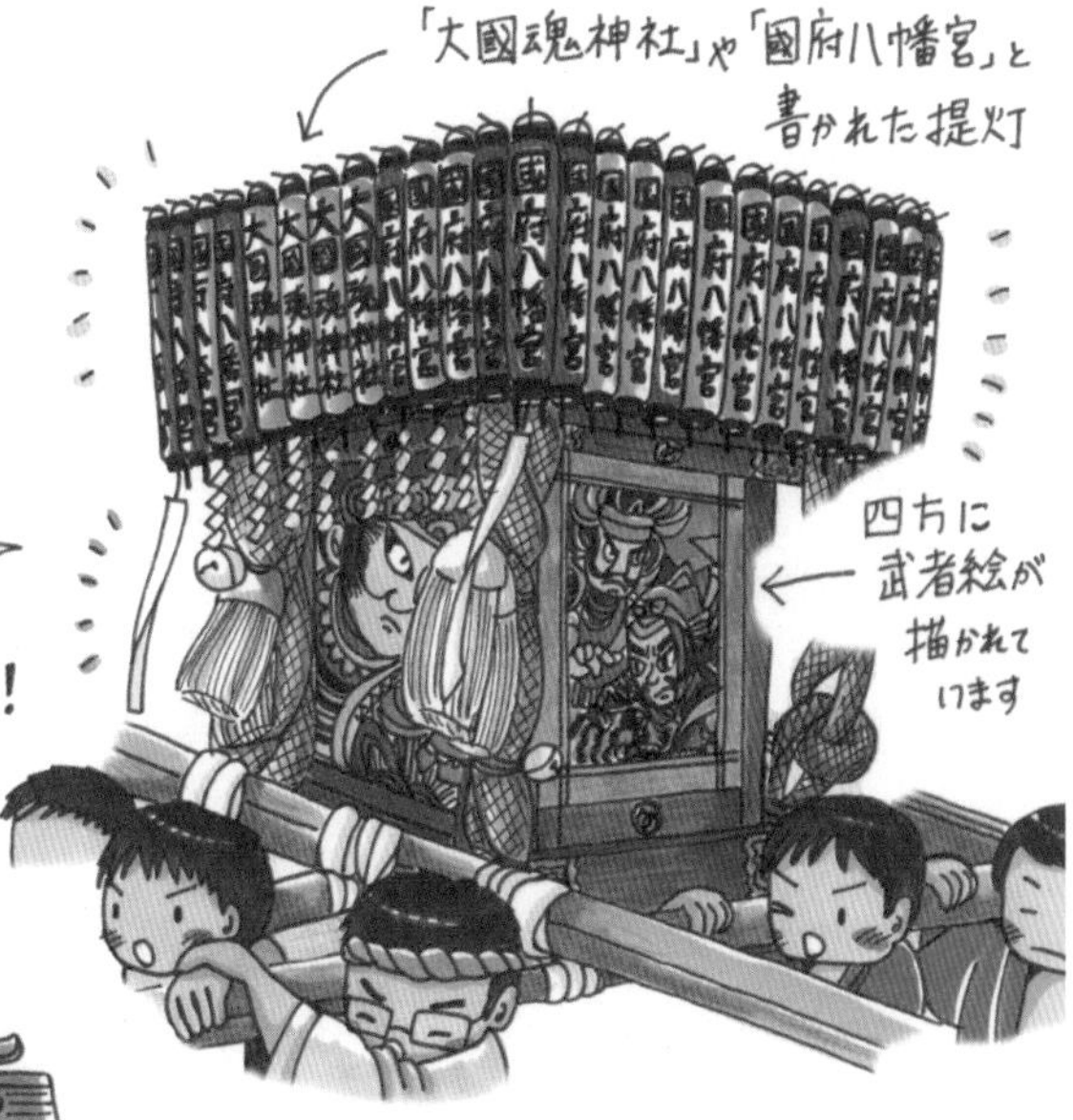
「大國魂神社」や「國府八幡宮」と書かれた提灯
四方に武者絵が描かれています

日が暮れて灯りがともると一層キレイです
山車や太鼓も出ます！

神門（と、手水舎の水盤）は以前、大國魂神社にあった物を移設して使用しています。
なつかしい
きりりっ
八幡神は
武運の神様
と言われています
ご祭神は応神天皇（誉田別命）
国（武蔵国）を守る守護神です！

21 武蔵国府八幡宮

神社

住所	府中市八幡町 2-33
備考	神社の例祭日は 8 月 15 日。 氏子会例大祭は、毎年変動。 通常は神社例祭後、 最初の土日に開催。

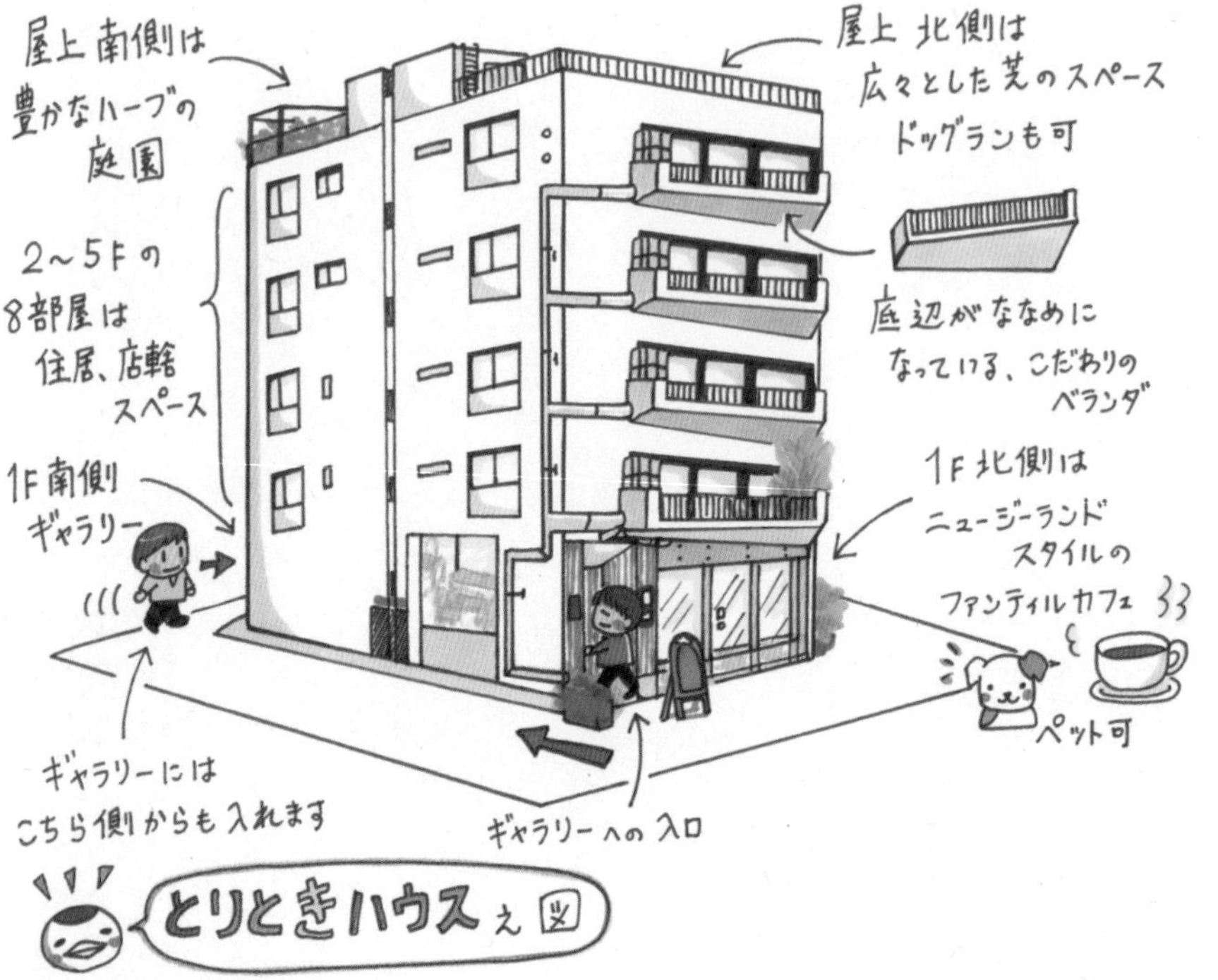
屋上南側は
豊かなハーブの
庭園
屋上 北側は
広々とした芝のスペース
ドッグランも可
2～5Fの
8部屋は
住居、店舗
スペース
底辺がななめに
なっている、こだわりの
ベランダ
1F南側
ギャラリー
1F北側は
ニュージーランド
スタイルの
ファンティルカフェ
ペット可
ギャラリーには
こちら側からも入れます
ギャラリーへの入口
とりときハウスえ図

22 とりときハウス

コミュニティ賃貸 / カフェ / ギャラリー

「鳥と木」の意味を持つ、とりときハウス。その名の通り、鳥たちが自然と木々に集う様な、自由な交流の場です。5階建てのマンションには、DIY可能な部屋が8つ用意されています。2階から上は住民（もしくは店舗）のスペースですが、1階部分には誰でも利用可能なカフェやギャラリーがあります。オセアニアスタイルのカフェでは、健康に良い貴重なマヌカハニーを用いたメニューが楽しめます。また、時折ワークショップも行われるなど、様々な形で利用されています。

オーナーの佐藤さん曰く「住んでいる人が、地域と如何に関わりを持てるかを、ずっと考えていました。小さな解決方法として、自由度が高い住まいを作り、そこから社会との接点を持ってもらえたら」と。個々人が自然な形で地元の人々と繋がれるのが、とりときハウスの魅力です。「暮らしの中にちょっとしたゆとりを提供したい」をコンセプトに、府中の新しい名所として日々成長を続けています。

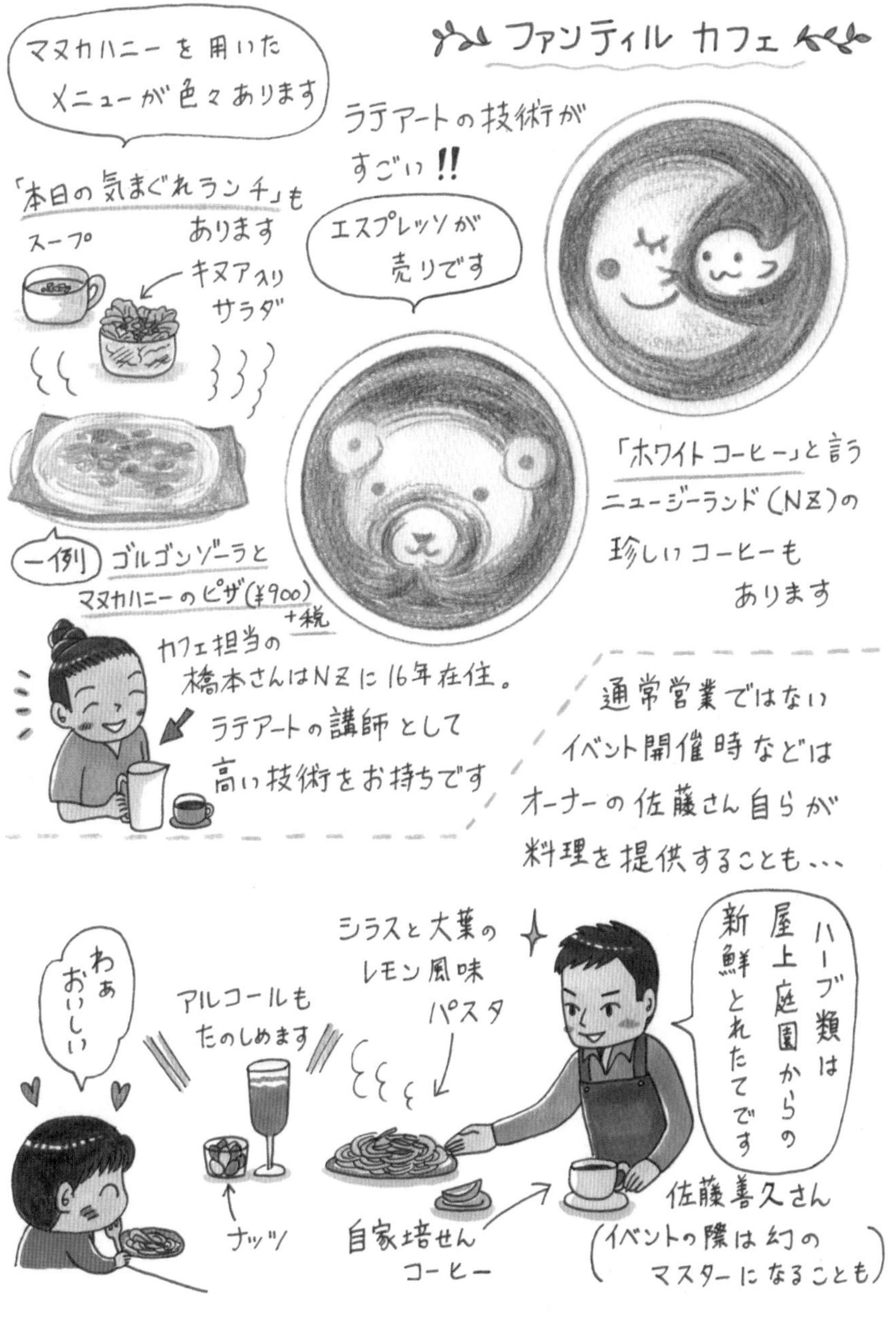
ファンティル カフェ
マヌカハニーを用いた メニューが色々あります
ラテアートの技術が すごい!!
「本日の気まぐれランチ」も あります
スープ
キヌア入り サラダ
一例 ゴルゴンゾーラと マヌカハニーのピザ(¥900)+税
エスプレッソが 売りです
「ホワイトコーヒー」と言う ニュージーランド(NZ)の 珍しいコーヒーも あります
カフェ担当の 橋本さんはNZに16年在住。 ラテアートの講師として 高い技術をお持ちです
通常営業ではない イベント開催時などは オーナーの佐藤さん自らが 料理を提供することも・・・
わぁ おいしい
アルコールも たのしめます
シラスと大葉の レモン風味 パスタ
ハーブ類は 屋上庭園からの 新鮮とれたてです
ナッツ
自家培せん コーヒー
佐藤善久さん
(イベントの際は幻の マスターになることも)

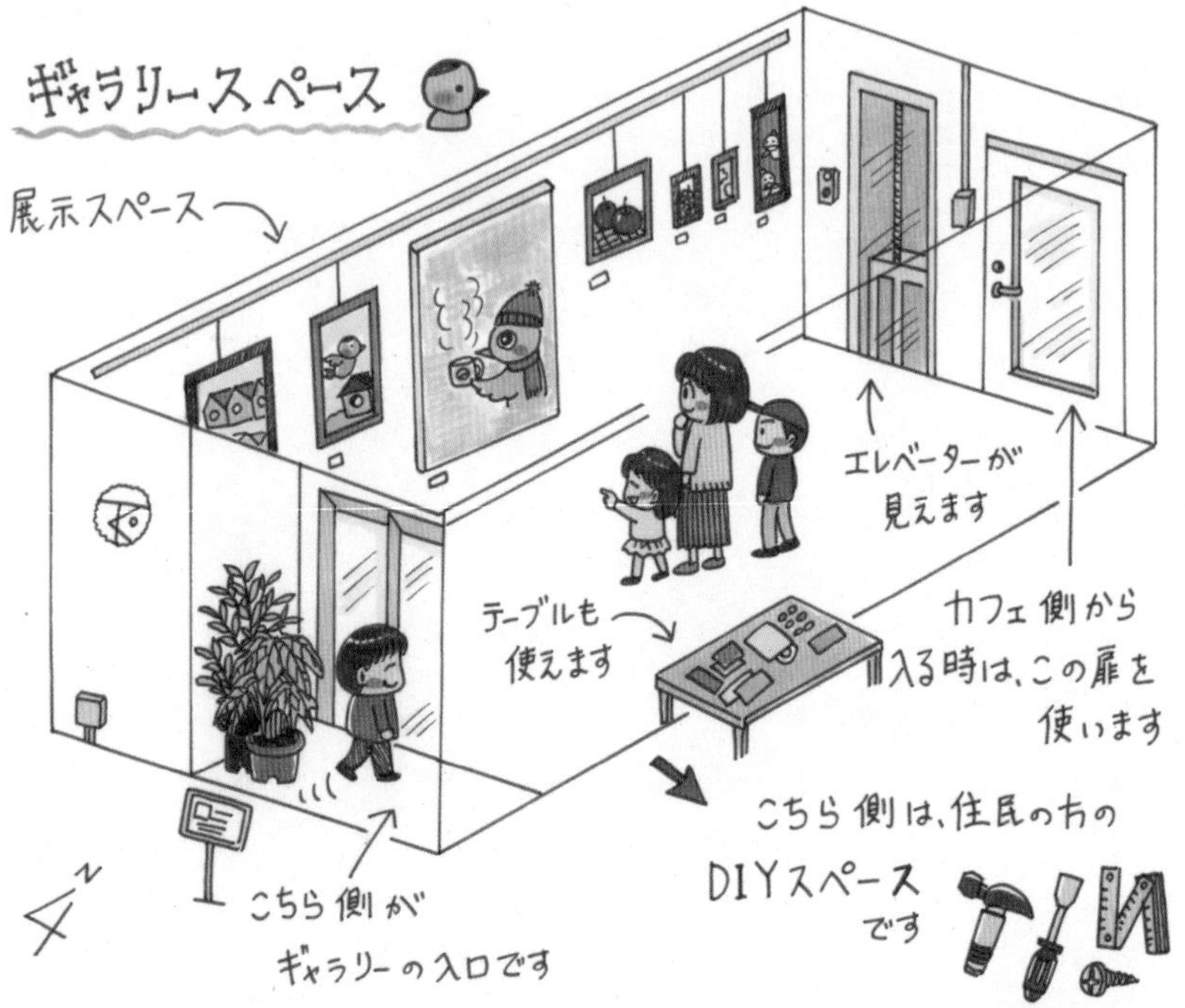
ギャラリースペース
展示スペース
エレベーターが見えます
カフェ側から入る時は、この扉を使います
テーブルも使えます
こちら側は、住民の方のDIYスペースです
こちら側がギャラリーの入口です

企画展について
若手作家さんの応援や、特に多摩地域で活躍されてる方の展示を中心に考えています
貸出も今後は行っていきます
ここを通じてアートに興味をもって、人との新たなつながりが出来たらいいなと思っています

ワークショップ
フィンランドの伝統品
ヒンメリー作り
リース作り
ギャラリーやカフェ内では時折ワークショップも開催しています
木彫
情報はチラシやFB、HPなどから入手可です。

屋上スペース
南側は良い香りの屋上庭園
北側は広々としたドッグランスペース
EV
解放的
バジル、ローズマリー、レモン、ミント、ざくろなど
どーん
基本的には住民専用の非公開スペースです
でも将来的には花火大会の観覧とかバーベQ大会とかイベント等で使用するかどうか検討中です
いい匂いー！
いいですねぇ

ちなみに、各部屋には鳥の名前がつけられています
きじ
おおるり
かわせみ
しじゅうから
かわいい
こさぎ
ひばり
めじろ
せきれい

22　とりときハウス

ファンティルカフェ / ギャラリー

住所	府中市宮西町 4-13-4
営業時間	ギャラリー　9:00 ～ 18 : 00 カフェ　10 : 00 ～ 17 : 30
定休日	日曜日・月曜日

武蔵国府の
国司館復元模型
10分の1サイズ
国司
(筆頭国司の守《かみ》)
わあ
かわいい
主殿
脇殿
兵士
松
女官
国司
4等官
「目(さかん)」
国司
3等官
「掾(じょう)」
国司
2等官
「介(すけ)」

23 国史跡 武蔵国府跡国司館《こくしのたち》地区

史跡

ＪＲ南武線と武蔵野線が走る府中本町駅の東側に、広々とした美しい空間があります。ここは国史跡に指定されている武蔵国府跡（国司館地区）にして「国司館と家康御殿史跡広場」と呼ばれているエリアです。

簡単に説明すると、府中に国府があった時代（今から約１３００年ほど前）ここには役人である国司の館がありました。さらに江戸時代（約４３０年ほど前）には徳川家康が鷹狩りの際に用いたとされる府中御殿も置かれていました。歴史上価値がある建物が２度も建てられた非常に重要な場所です。

敷地内には館の跡を示す柱が復元され、建物や人形のミニチュア模型なども設置されています。また、事務所で武蔵府中スコープを借りると、バーチャルリアリティ（人工現実感）技術によって当時の様子（風景や食事の光景、蹴鞠、鷹狩りなど）を見ることができます。

様々な歴史の舞台を経て、今は近隣の子供たちの遊び場にもなっている和やかな場所です。

管理事務所で無料貸出しているスコープで、VR映像によって国司館の説明や、当時この地で行われていた様々な光景をイメージすることができます。

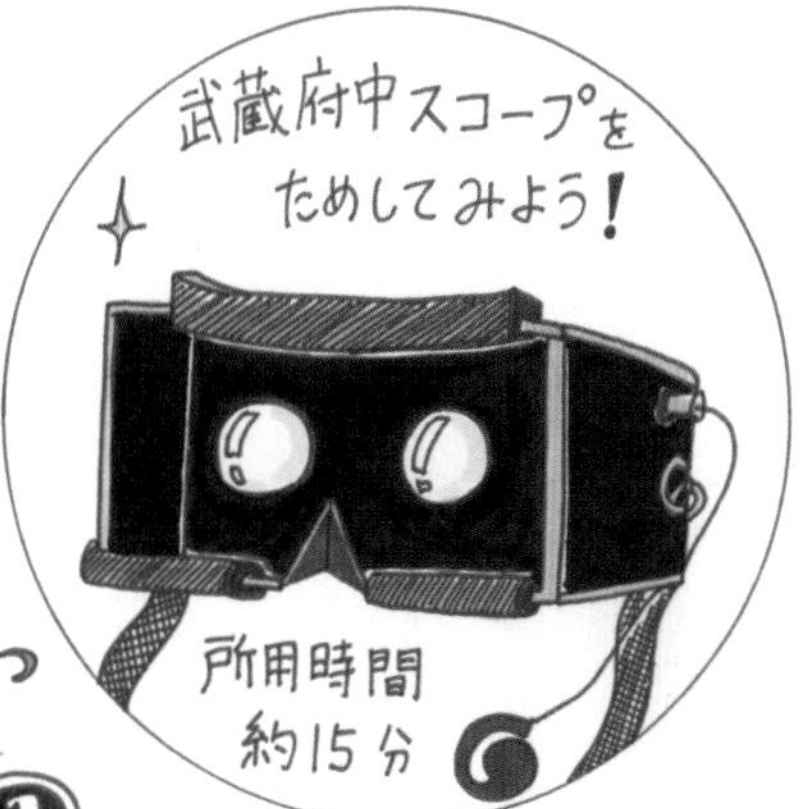
武蔵府中スコープをためしてみよう！
所用時間 約15分

じーっ
例えば 現実には こんな 光景も…
スコープの 中では

囲まれた…!!
ぽーん ぽーん
どしゅっ
ひー リアル!
こっち来た
ずら〜〜っ
蹴鞠《けまり》え図

スコープ以外にタブレットを借りても、同じように楽しめます。(雨天は貸出中止です)

23 国司館と家康御殿史跡広場
史跡

住所	府中市本町 1-14
問合せ先	042-335-4487
営業時間	9:00 ～ 17:00 (スコープの貸出は 16:00 まで) ※冬期（11月～2月）の貸出は 15：00 まで
定休日	年末年始

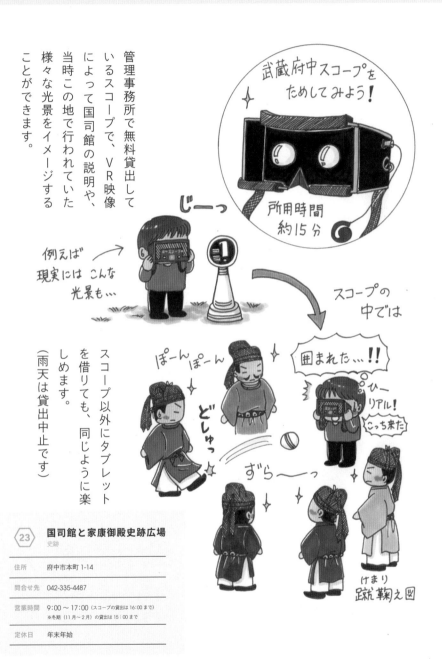

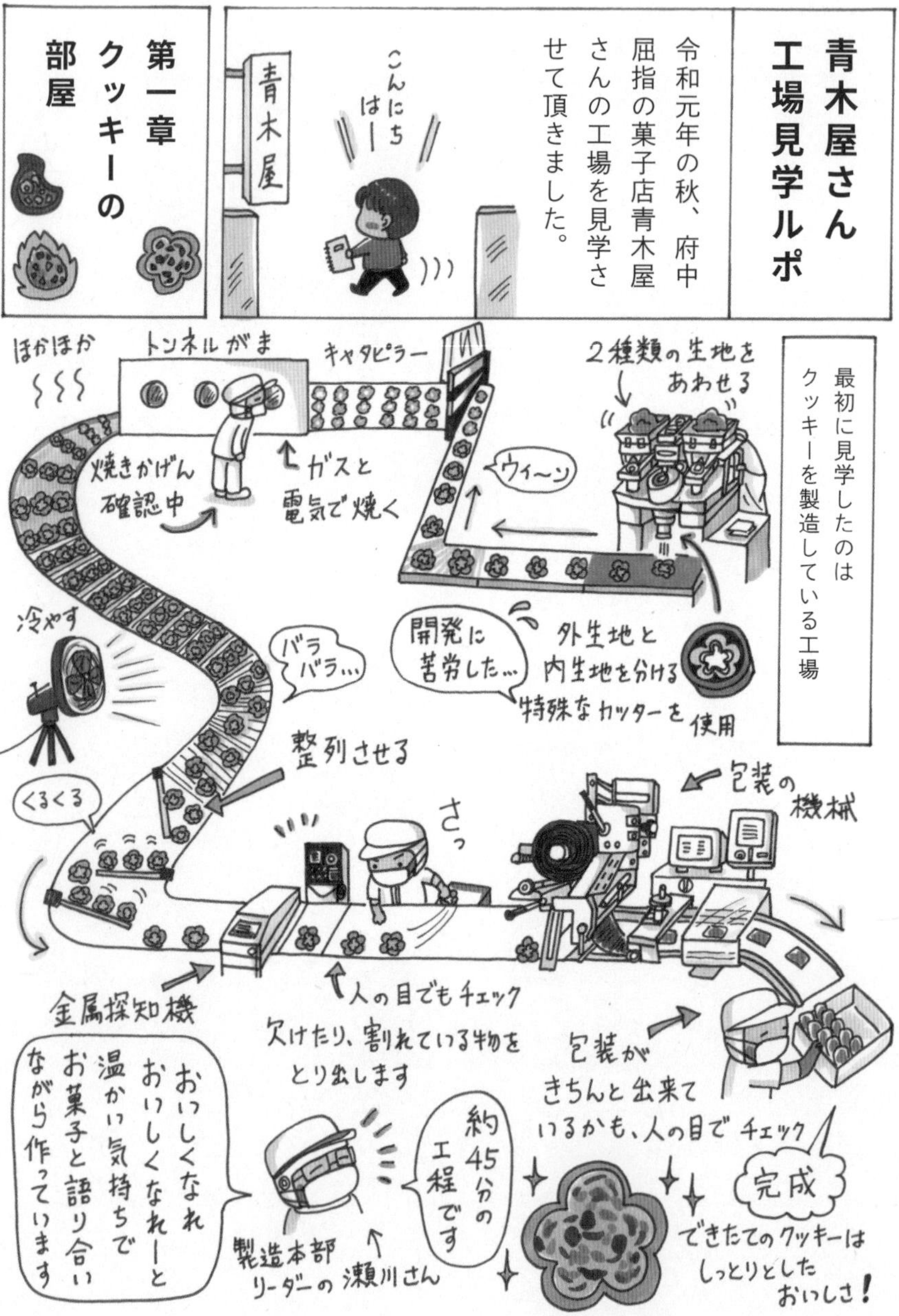
青木屋さん工場見学ルポ
令和元年の秋、府中屈指の菓子店青木屋さんの工場を見学させて頂きました。
青木屋
こんにちはー
第一章 クッキーの部屋
最初に見学したのはクッキーを製造している工場
2種類の生地をあわせる
キャタピラー
トンネルがま
ほかほか
ウィ〜ン
ガスと電気で焼く
焼きかげん確認中
外生地と内生地を分ける特殊なカッターを使用
開発に苦労した…
バラバラ…
冷やす
整列させる
くるくる
包装の機械
さっ
金属探知機
人の目でもチェック
欠けたり、割れている物をとり出します
包装がきちんと出来ているかも、人の目でチェック
完成
できたてのクッキーはしっとりとしたおいしさ！
約45分の工程です
おいしくなれおいしくなれーと温かい気持ちでお菓子と語り合いながら作っています
製造本部リーダーの瀬川さん

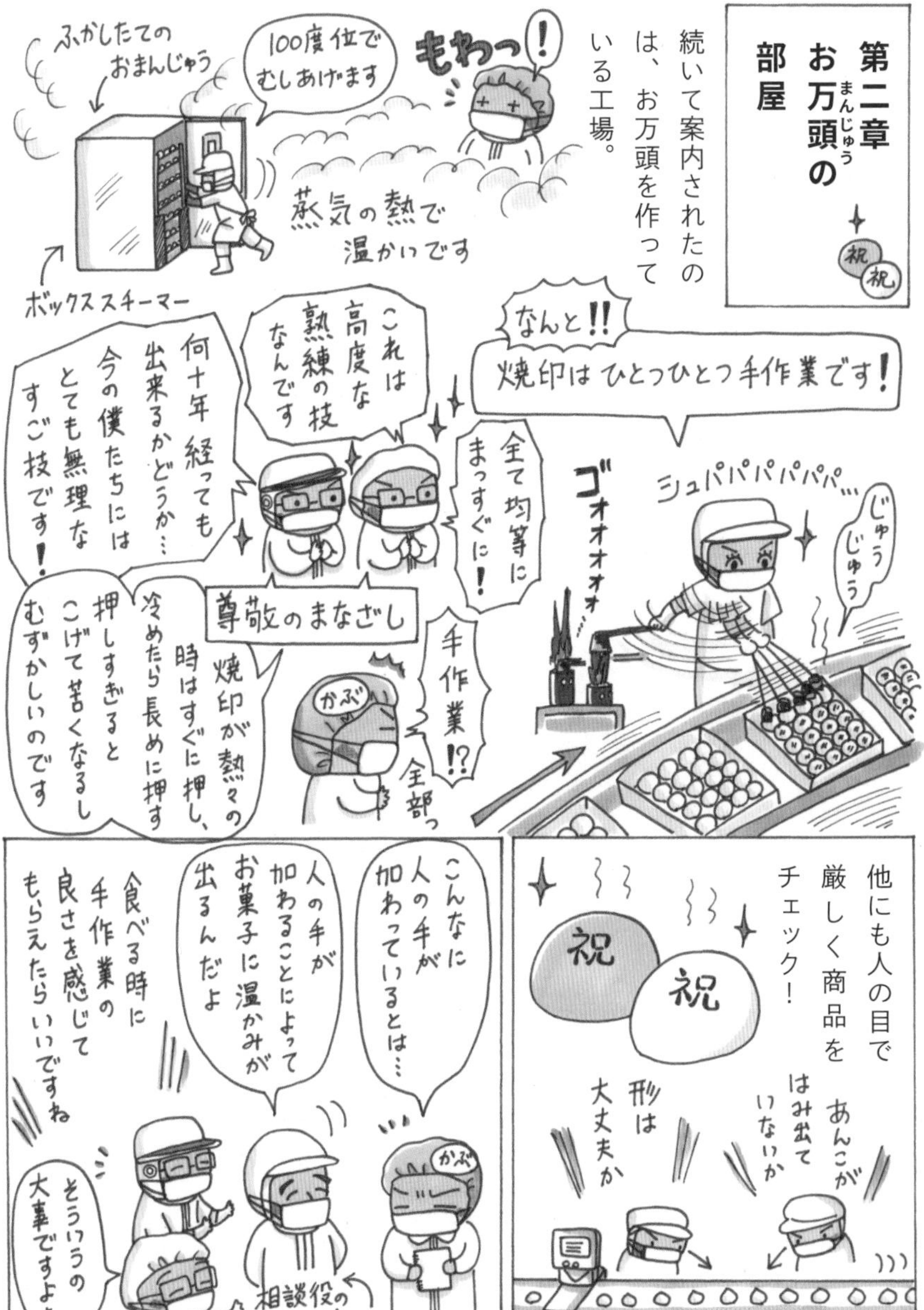
第二章 お万頭《まんじゅう》の部屋
祝 祝
続いて案内されたのは、お万頭を作っている工場。
もわっ!
100度位でむしあげます
ふかしたてのおまんじゅう
蒸気の熱で温かいです
ボックススチーマー
なんと!!
焼印はひとつひとつ手作業です!
シュパパパパパパ…
じゅうじゅう
ゴオオオオオ
全て均等にまっすぐに!
手作業!?
全部っ
かぶ
これは高度な熟練の技なんです
何十年経っても出来るかどうか…今の僕たちにはとても無理なすご技です!
尊敬のまなざし
焼印が熱々の時はすぐに押し、冷めたら長めに押す
押しすぎるとこげて苦くなるしむずかしいのです
他にも人の目で厳しく商品をチェック!
祝
祝
あんこがはみ出ていないか
形は大丈夫か
こんなに人の手が加わっているとは…
人の手が加わることによってお菓子に温かみが出るんだよ
食べる時に手作業の良さを感じてもらえたらいいですね
そういうの大事ですよね
かぶ
相談役の加藤さん

まず生地を
まぜあわせ…
5層のバウム
中はチョコクリーム

第三章 武蔵野日誌の部屋

青木屋さんの代表作の一つ、武蔵野日誌。最初は長ーい状態で出てきます。

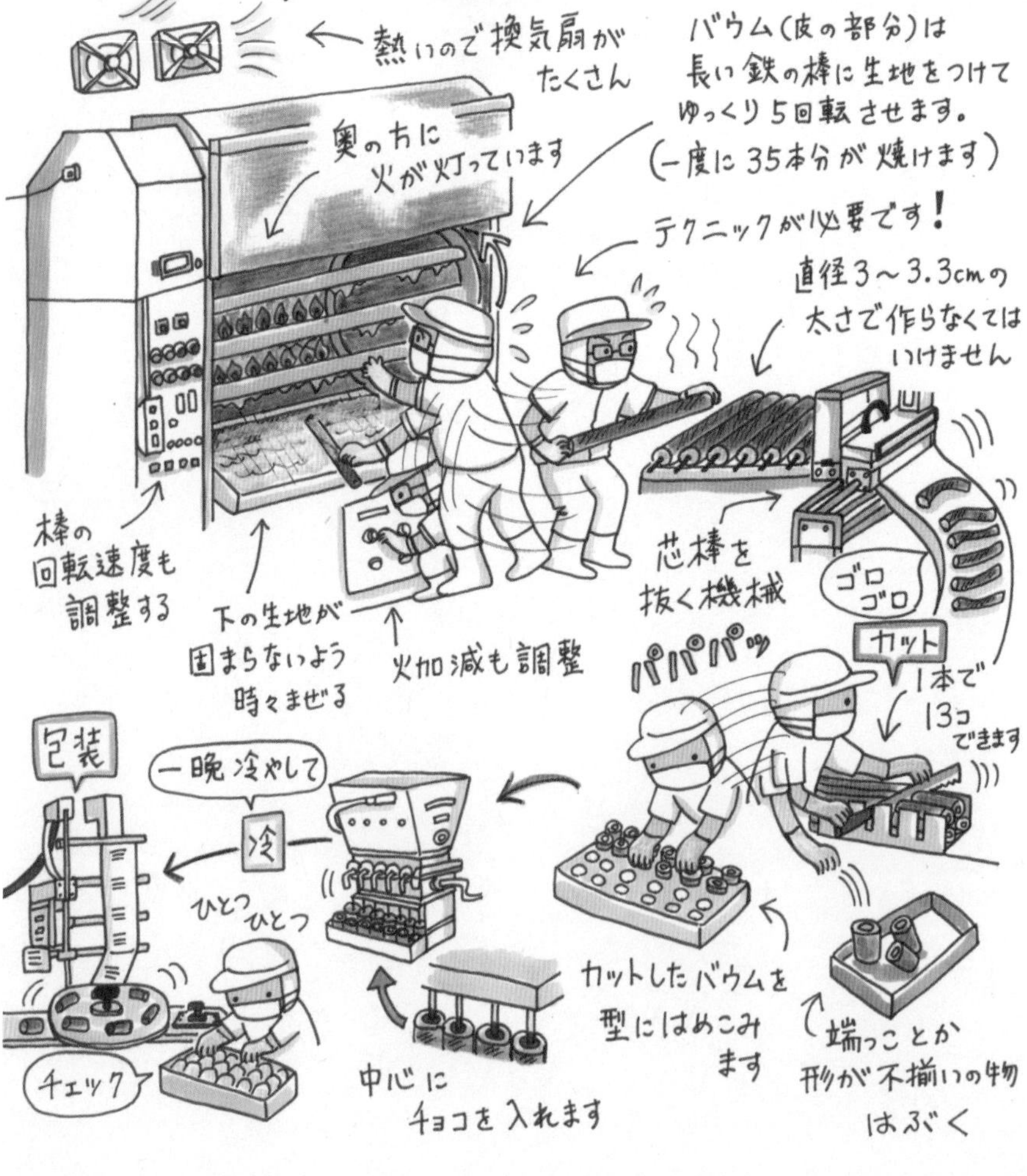
熱いので換気扇がたくさん
バウム(皮の部分)は長い鉄の棒に生地をつけてゆっくり5回転させます。(一度に35本分が焼けます)
奥の方に火が灯っています
テクニックが必要です!
直径3~3.3cmの太さで作らなくてはいけません
棒の回転速度も調整する
下の生地が固まらないよう時々まぜる
火加減も調整
芯棒を抜く機械
ゴロゴロ
カット
1本で13コできます
パパパッ
包装
一晩冷やして
冷
ひとつひとつ
チェック
中心にチョコを入れます
カットしたバウムを型にはめこみます
端っことか形が不揃いの物はぶく

第四章 餡《あん》の部屋

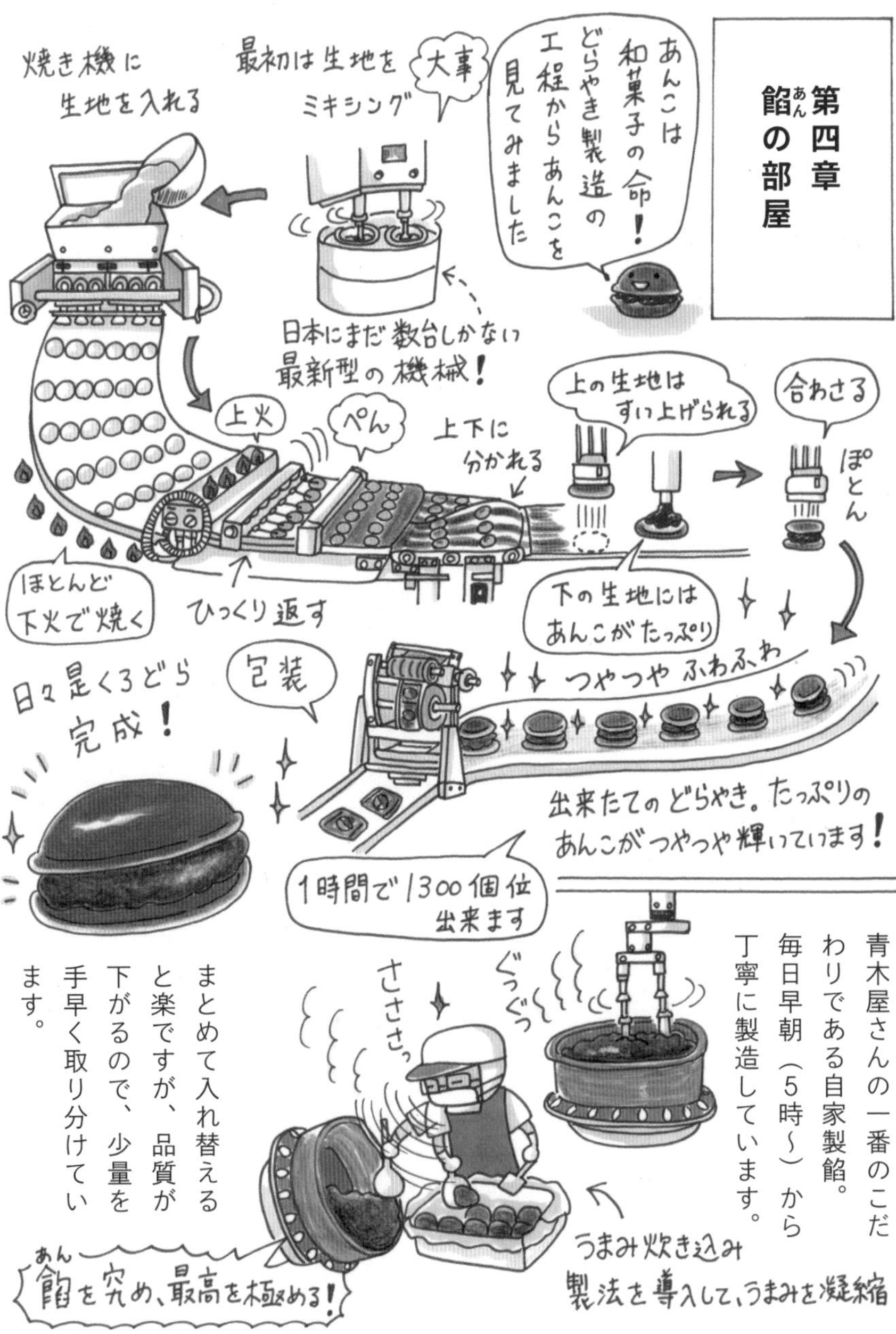

あんこは和菓子の命！どらやき製造の工程からあんこを見てみました
大事
最初は生地をミキシング
焼き機に生地を入れる
日本にまだ数台しかない最新型の機械！
上火
ぺん
上下に分かれる
上の生地はすい上げられる
合わさる
ぽとん
ほとんど下火で焼く
ひっくり返す
下の生地にはあんこがたっぷり
日々是くろどら完成！
包装
つやつや ふわふわ
出来たてのどらやき。たっぷりのあんこがつやつや輝いています！
1時間で1300個位出来ます
ぐつぐつ
さささっ
うまみ炊き込み製法を導入して、うまみを凝縮
餡《あん》を究め、最高を極める！

青木屋さんの一番のこだわりである自家製餡。毎日早朝（5時～）から丁寧に製造しています。

まとめて入れ替えると楽ですが、品質が下がるので、少量を手早く取り分けています。

第五章 素材の部屋
ここは沢山の材料が置かれているところ……。
お菓子はなんと言っても原材料が大事！
素材にはとてもこだわってます
お砂糖いろいろ
上白糖
白双糖
グラニュー糖
黒糖
商品によって使いわけています！
お米も国産のひめのもちき使用
米
小麦粉も何種類も用意して使い分けています
小麦
ベルギー産チョコレートも
チョコ
地元の物はもちろん、国内外から吟味厳選された材料を用いています
すごくいいお砂糖を使っているんですよー
第六章 上生菓子の部屋
工場の一室にはとても静かな部屋があります。
しーん
そこには神経を集中させて、生菓子を制作している2名の職人さんがいます。
見て嬉しい、食べておいしい
こういうお菓子が作れることも青木屋の神髄です
季節ごとに色々
これからも喜びを創り愛される青木屋でありたいと思っています
真摯で丁寧な作業がよくわかりました
ありがとうございました
ペコリ

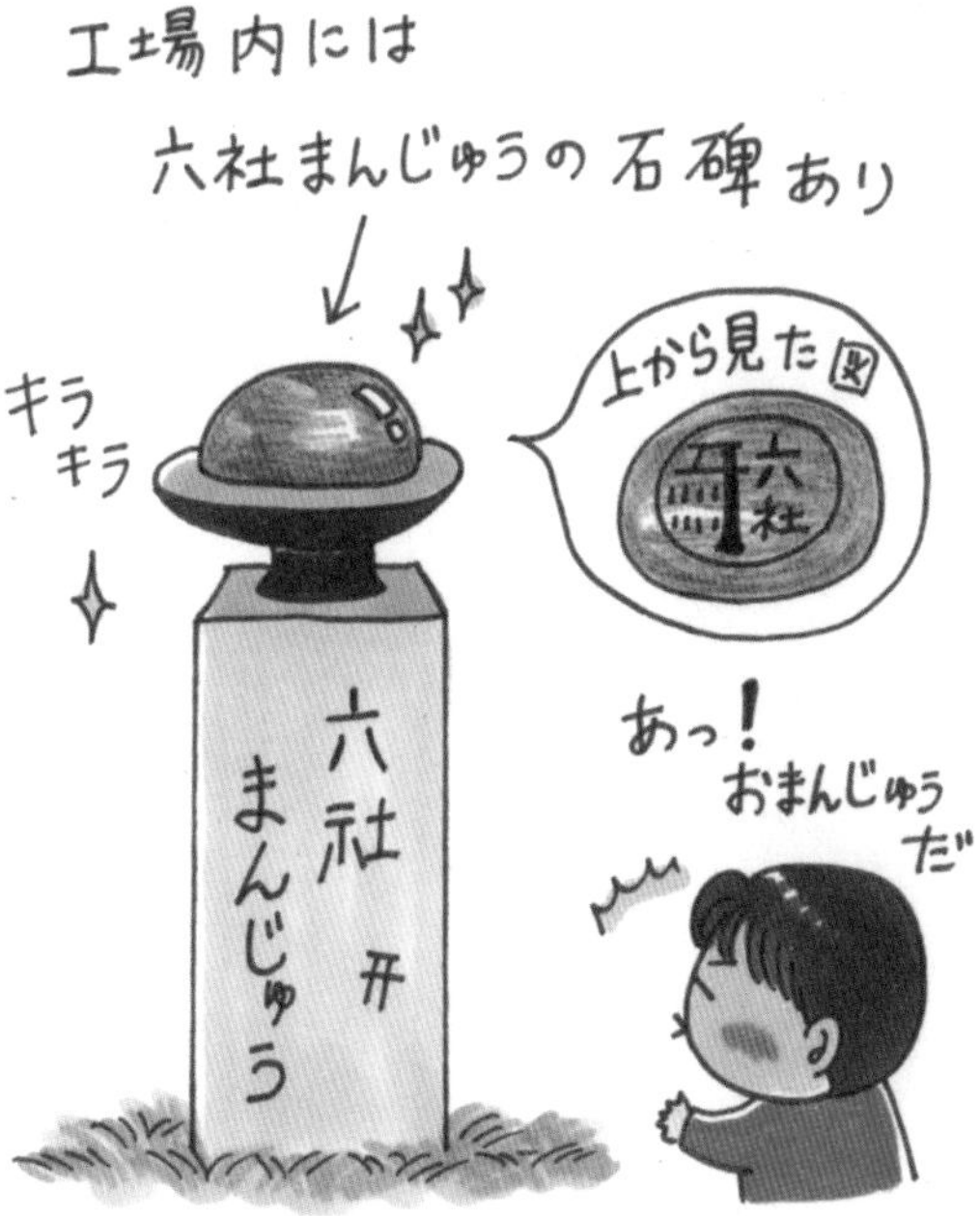
工場内には
六社まんじゅうの石碑あり
キラ
キラ
上から見た図
六社
六社
まんじゅう
あっ！
おまんじゅうだ

24 株式会社 青木屋

和菓子の製造販売店

市内随一の有名店である青木屋。お万頭にお団子、どら焼き、クッキー、赤飯など、毎日朝から大量のお菓子を製造して13の店舗、並びに様々な注文先へと届けています。今回は特別な許可を得て、南町にある工場を見学させて頂きました。

驚いたのは、かなりの量の商品が一つひとつ丁寧に人の手によって作り上げられている点でした。

「青木屋が青木屋であり続けるために、私たちは素材、鮮度、旬、歳時記、武蔵野を大切に愚直に丁寧に製造、販売に邁進して参る所存です。その一つに創業以来作り続けてきている、餡への思い、『百年製餡』技術経験を蓄積し自家製餡に拘り美味しいお菓子をお届けしてまいります」と、相談役の加藤義輝さん。

明治26年の創業以来、多くの人に喜びを送り続けている真摯な菓子作りの姿勢。見学し終わった後は、出来上がったお菓子に対する有難みが生じ、大事に頂こうという想いが増しました。

24 青木屋 府中けやき並木通り店

和菓子の製造販売店

住所	府中市宮町 1-41-1　フォーリス１階
問合せ先	042-362-3006（代表）
営業時間	10：00～20：00
備考	市内外に合計で 13 の店舗があります。各店舗の詳細は公式サイト参照。 http://www.aokiya.net/ ※郷土の森工場売店では、出来たての武蔵野日誌や日々是くろどらの皮など、ここだけの珍しい商品も取り扱っています。

郷土の森の魅力いろいろ
交通遊園
ゴーカートや
電気自動車にのれます
約30品種
修景池のハス
見頃は
6月下旬〜
8月中旬
ゴーカートは
1周100円
電気自動車は
1回100円
府中の市営バス
ちゅうバスの
電気自動車もあります

25 府中市郷土の森

博物館・公園・物産館・体育館など

広大な敷地を持つ郷土の森、ここは様々な魅力にあふれた場所です。東側にある郷土の森公園には、いろいろな交通遊具に乗れる交通遊園や、総合プール、ハスが綺麗な修景池、体育館、野球場、釣り堀など市民にとって便利で楽しい施設が揃っています。

西側の郷土の森博物館は、くらやみ祭りを始め、市の歴史がわかる詳細なジオラマや資料が整っている展示室、プラネタリウム、復元建物など文化や歴史に親しめる施設があると共に、梅やアジサイ、紅葉といった四季折々の自然の美しさを満喫できます。また、体験型のイベントも随時行われています。

さらに観光物産館では、地元の野菜や花、府中の物産品などを扱った販売コーナーや、市内で取れた食材を用いた料理を味わえるカフェなどがあります。

このように様々な顔を見せる郷土の森は、一日中いても飽きることがない面白い施設です。

体験ステーション
（博物館本館内）
昔なつかしの道具や衣装を
色々体験できます
おもしろーい
じーころころ
昔の電話はじめて見た！
ヨーヨー
これはゆたんぽ。
これはそろばん
どうやって使うのー？
プラネタリウム
2018年5月リニューアル！
最新型の投映機です
今日の府中の星空はー
生の解説がつく回もあります
四季折々の豊かな自然
梅
紅葉
1万株以上の様々なアジサイ
郷土の森公園 略図
N
プラネタリウムや体験ステーション展示室など…
博物館本館
有料エリアです
復元建物
物産館
アジサイや梅園
水あそびの池
つり池
プール
交通遊園
芝生広場
ハス池
体育館
金塚桜広場
野球場
テニスコート
サッカー
野球
バーベキュー場
多摩川

水あそびの池

郷土の森博物館の施設内には、子供たちに大人気の池があります。夏場はカラフルなボールがいっぱい浮かびます。

夏

秋
おちば
ボール

秋には
落ち葉プールとボールプールが
登場します（小学3年生以下専用）

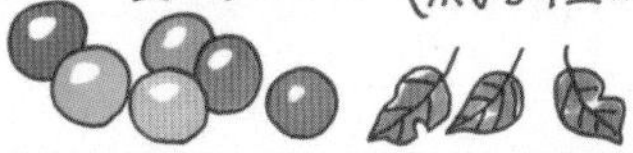

復元建物

広大な敷地内には
歴史的な建造物が多く移築、復元されています

土、日、祝には
やすらぎ亭でラーメンも
いただけます

わかめ
チャーシューメン 600円
たぬきうどん
400円

ハケの茶屋では
名物の焼だんごが
あります！

100円

注文を
うけてから焼くので
あつあつカリカリ もちもち!!

かやぶき屋根の
旧河内家住宅

週2回虫よけのため
ボランティアの方が
かまどに火を
入れています

けむりで
いぶします

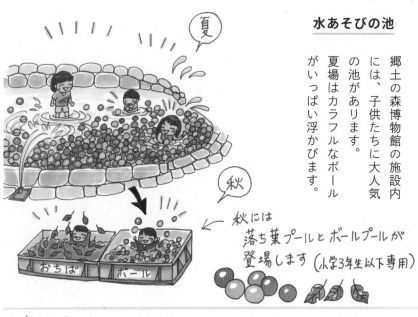

観光物産館
地元野菜などの販売や、市内の情報発信など
ことみ食堂では府中の特産品メニューを味わえます
郷土の森の梅を使った
梅うどん
府中産の黒米がおいしい！
甘い!!
地野菜の煮物
武蔵ランチプレート（黒米使用）
地元の野菜や食品いろいろ
酒
おやき
おやき
パン
スコーン
一例
府中らしい物産品
わぁキレイ♥
あじさい金平糖
郷土の森のあじさい金平糖
さっぱりしたヨーグルト風味
ブルーベリー入り
TOKYO府中アイス
TOKYO府中アイス
野口酒造店の「國府鶴《こうづる》」
國府鶴
きゅっ
うまっ
郷土の森でとれた梅で作った品々
梅干
うめ飴
PLUM JUM
うめジャム

こめっこクラブお餅つきルポ
令和元年12月郷土の森にある旧河内家住宅へ
こめっこクラブのお餅つきを見学しに行きました。
こめっこクラブとは、郷土の森博物館で昔ながらの農具を使ってコメ作りを体験する活動です。
学芸員さん
子供たちと保護者
ボランティアの方々
子供達は5月頃から何度も集まって稲を育ててきました。
田起こし
田植え
稲刈り
などなど
学芸員さんやボランティアの方々の指導の下、ガスも電気もない状況でお餅を作ります。
かまどは最初冷えているから、炊けるまで時間かかるよ
けむい…
学芸員さん

子供たちは手分けして作業を進めます。
薪割り
鉈(ナタ)の使い方は…
ボランティア
火や刃物は危ないのでみんなすごく素直に真剣に聞いています
かまどの火入れ
ゴオオオ
木は空気が入るように縦と横に入れてね
調理
大きさはこれぐらいね
わいわい
ねとねとしてるー
しゃこしゃこ
大根
あんこ
きなこ
餅つき
コツはうすではなくもちをつくことです
昔ながらのやり方は大変だな 時間はかかるし みんなで協力しないとダメだし
あはは
わいわい
わいわい
じーっ
でもその分会話が多いなぁ… 昔の生活って今より人々の交流が豊かだったのかも…
不便だけど豊かさがある
そしてここでも会話が
いろりっていいよねー
絶対普通の暖房より暖かいよね
普通の家にもいろり欲しいよねー
みんないやされてるねー
ハハハ
わいわい
わいわい
あったかいねー
ぷー
ぷぅ
パチ
寒いので自然と人が集まります

約3時間後、大体食べられる状況になりました。
いただきまーす
わいわい
参加者はざっと100人ぐらい
子供たち色々頑張っていたんですよー
春からこんな感じで
おー
本当だすごい
スマホで撮ったこめっこクラブの活動を見せてくれた保護者の方
からみ
きなこ
あんこ
食べ物を作るってすごく貴い事ですね
それにしても、かまどを使ってお餅を作るなんてすごい体験。
そういう施設があること自体、ありがたいですね。
関係者以外の方は参加できないイベントですが、博物館入園者は普通に見学できます。
えー何？
おもちついてるー

ちなみに、かまどにはボランティアさんが週2日ほど火を入れているそうです。
もくもく
けむりを出さないとかやぶきに虫がつくそうです
火・木の午前中に

26 こめっこクラブ

米作り体験

備考	詳細は郷土の森博物館HP参照。5月～翌年1月まで全13回ほど活動します。定員30名。費用3000円。対象は小学生～中学生（小学3年生以下は保護者同伴）府中市以外の方も参加可能です。

27 府中市郷土の森博物館

博物館

住所	府中市南町 6-32
問合せ先	042-368-7921
営業時間	9：00 ～ 17：00（入場は 16:00 まで）
定休日	月曜（休日の際は翌日）、年末年始
入館料	入館料　大人 300 円、中学生以下 150 円（プラネタリウムは別料金）

28 府中市郷土の森公園

交通遊園、ゴーカート、釣り池、他

住所	府中市矢崎町 5-5
問合せ先	042-364-7214
営業時間	交通遊園や釣り池は 10：00 ～（詳細は HP 参照）
定休日	火曜、年末年始

29 府中市郷土の森観光物産館

観光情報センター

住所	府中市是政 6-32-10
問合せ先	042-302-4020
営業時間	10：00 ～ 18：00
定休日	月曜、年末年始

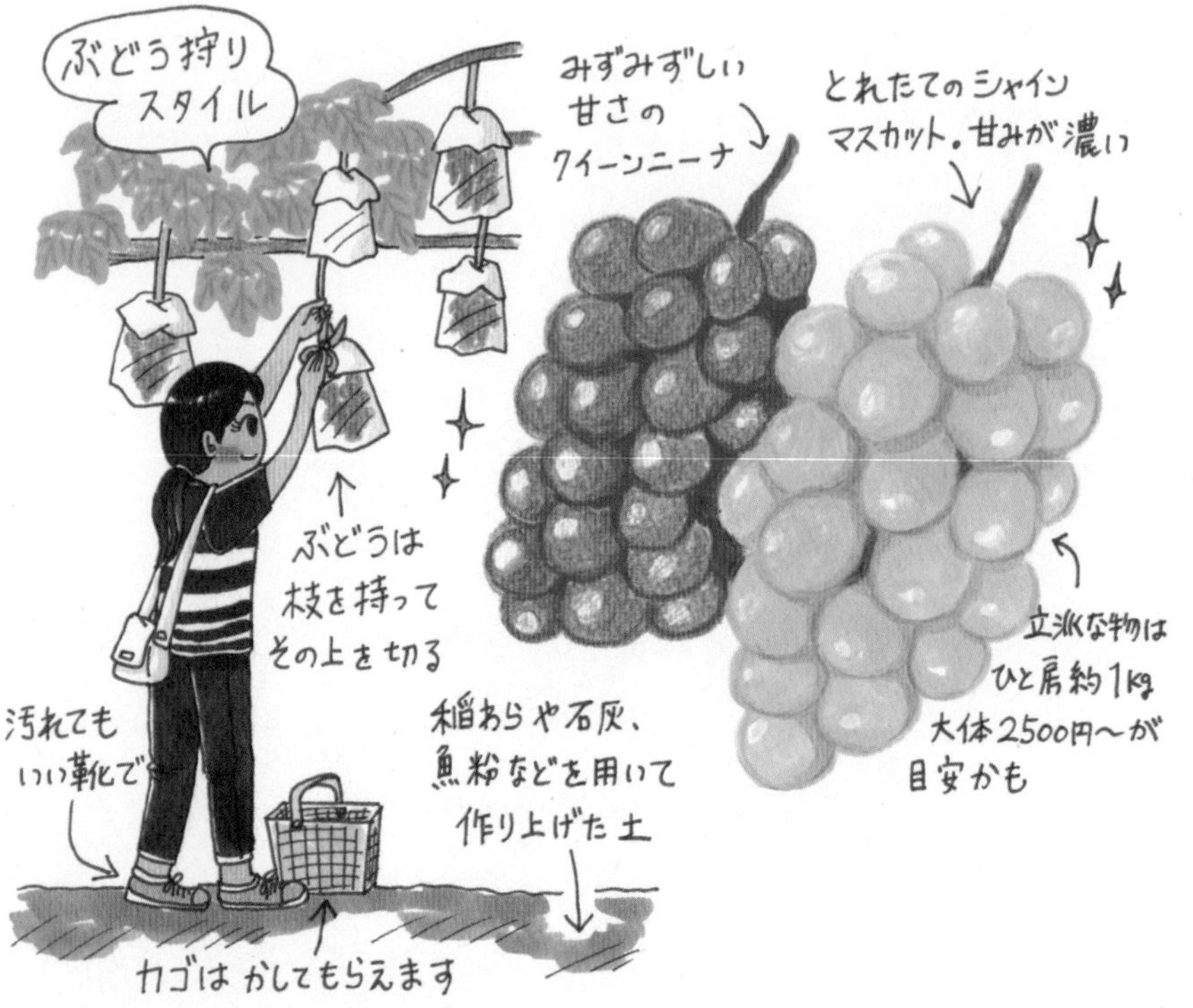
ぶどう狩りスタイル
みずみずしい甘さのクイーンニーナ
とれたてのシャインマスカット。甘みが濃い
ぶどうは枝を持ってその上を切る
立派な物はひと房約1kg
大体2500円～が目安かも
汚れてもいい靴で
稲わらや石灰、魚粉などを用いて作り上げた土
カゴはかしてもらえます

30 朝倉果樹園

果樹園

9月初旬、朝倉果樹園さんを訪ねてみました。ここは稲わらや石灰、魚粉などを用いた丹精こめた土作りを心掛けているぶどう農家さんです。化学肥料を使わず、剪定にも配慮しながら育成されたぶどうの美味しさは絶品です。

品種はシャインマスカットやクィーンニーナなど。誰でも気軽にぶどう狩りを楽しめるため、シーズン最盛期には多くのお客様で畑は賑わいます。販売時期は年によって異なりますが、大体8月末から「なくなり次第終了」とのこと。朝倉さん曰く「ぶどうは最初の頃はさっぱりした甘さだけど、だんだん甘みが濃くなる。特にシャインマスカットは日にちが経っても肉質が変わらず、甘みが強くなっていく品種だよ」と。

ぶどうは欲しい分量を切り取り、その場で重さを量って値段をつけて貰います。持ち帰りでも発送でも、どちらでも可です。木陰で食べる採れたての実は最高に美味しく、心地よい幸せな時間を過ごせます。

シャインは日を当てると「かすり」と言う斑点が出るから、色紙をかけるんだよ
肌が汚なくなっちゃうからね
シャインマスカット
クイーンニーナ
光を当てたくない品種は色紙でくるみます
光を当てたい品種には透明なビニールを
おいしい!皮までプリプリ!
すごくおいしい!!
もぐもぐ
朝倉武夫さん
甘い実が育つまでにはご苦労もたくさん……。
(育成中のぶどう)
一粒まっ青に色付いている物があると、全体がキレイに色付くそうです
安心するよ
そうではない物はそのまま育つ可能性もあるとか
まだら〜
真夏は50度ぐらいに温度が上がるビニールハウス!!
ホットぶどうになっちゃうよ!!
サウナみたい
ひーっ
ほかほか〜
葉の上の水もお湯に!!
葉も赤く変色してしまうほどの環境での作業です。
逆に冬はとても寒い

30 朝倉果樹園

果樹園

住所	府中市日新町 2-7
問合せ先	042-363-0348
営業時間	9：00～12：00 / 14：00～17：30
定休日	シーズン中は無休・雨天でも可 (台風の時は休業)

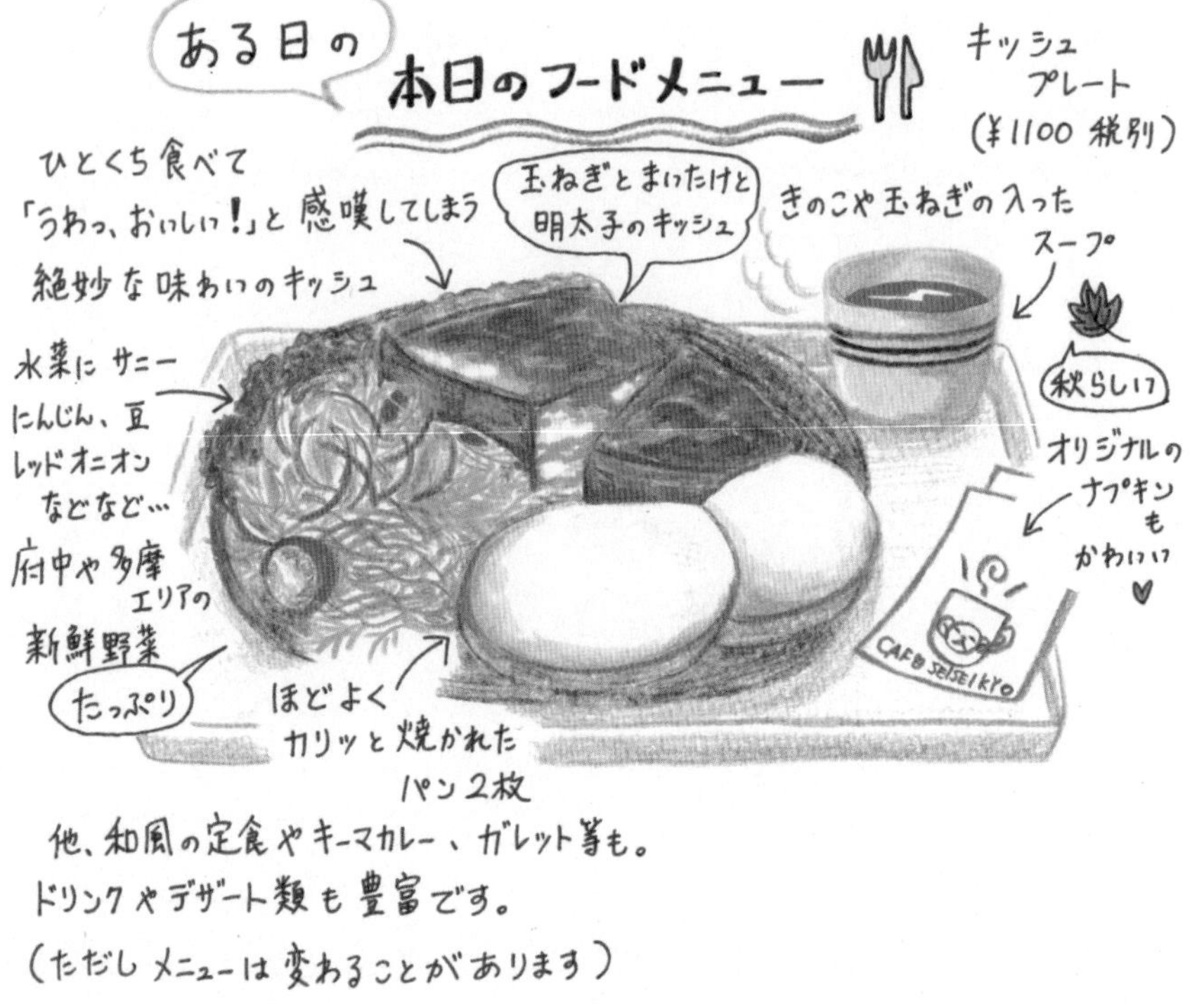
ある日の
本日のフードメニュー
キッシュプレート
(¥1100 税別)
ひとくち食べて「うわっ、おいしい!」と感嘆してしまう絶妙な味わいのキッシュ
玉ねぎとまいたけと明太子のキッシュ
きのこや玉ねぎの入ったスープ
秋らしい
水菜にサニーにんじん、豆レッドオニオンなどなど…
府中や多摩エリアの新鮮野菜
たっぷり
オリジナルのナプキンもかわいい
CAFE SEISEIKYO
ほどよくカリッと焼かれたパン2枚
他、和風の定食やキーマカレー、ガレット等も。
ドリンクやデザート類も豊富です。
(ただしメニューは変わることがあります)

31 星《せい》星《せい》峡《きょう》

カフェ・ショップ

2018年4月に開店したカフェ、星星峡。ここはアンティーク系の雑貨を取り扱うショップと、飲食ができるカフェスペースを併設したお洒落で居心地がいい空間です。

内装には至る所に工夫が凝らしてあり、照明器具や小物類一つひとつを眺めているだけでも楽しめます。また、壁面はギャラリーとしても貸し出しています。お料理も作り手の思いが込められている、優しくて丁寧な味わい。一口食べるごとに心がふっと和む美味しさです。

「人々が自然に集まり、楽しむことができる空間を作りたかったんです。どうすれば料理が美味しくなるか、日々真剣に向き合って必死にやっている状態です」と、店主の舩橋さん。今では多くの方がリピーターとなり、思い思いの豊かな時間を過ごしています。ちなみに星星峡という名は、実在する地名からとられたそうです。夜空に輝く星のように、街中に光を放っている素敵なお店です。

ショップ コーナー には アンティーク系の
ステキ な グッズが たくさん！
店内には
ふくろうも!!
うめちゃん と キャンディ
おとなしいです
すごくかわいい
そして店内にも
ふくろうグッズが
いたる所に!!
はめこまれた
ガラス板
ライト
お客様用の
ひざかけ
とか
各所を見ると、ステキなオブジェが…
置物とか
2台
駐車場に
おかれた石もかわいい
ピアノの模型
（本物もあります）
ライトも

使われている
器ひとつ
ひとつにも
味わいを
感じます
一点一点 手焼きの品

31
星星峡
カフェ・ショップ

住所	府中市若松町 1-26-6
問合せ先	042-334-8208
営業時間	11：30～21：00（LOは20：00）
定休日	不定休 ※詳細はTwitter等でご確認ください。

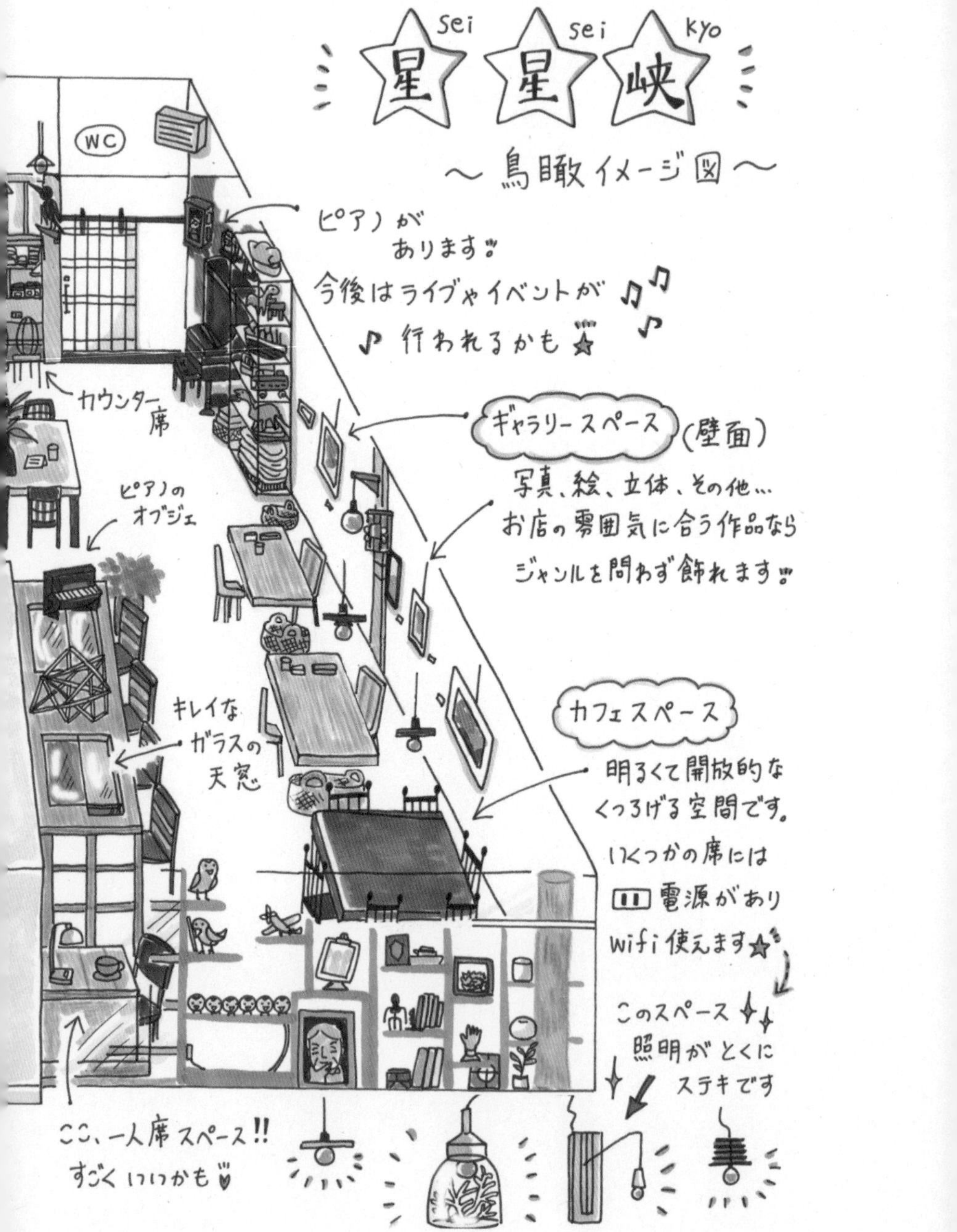
星《sei》星《sei》峡《kyo》
〜鳥瞰イメージ図〜
WC
ピアノがあります!!
今後はライブやイベントが
行われるかも☆
カウンター席
ギャラリースペース（壁面）
写真、絵、立体、その他…
お店の雰囲気に合う作品なら
ジャンルを問わず飾れます!!
ピアノのオブジェ
キレイなガラスの天窓
カフェスペース
明るくて開放的なくつろげる空間です。
いくつかの席には
電源があり
wifi使えます☆
このスペース
照明がとくに
ステキです
ここ、一人席スペース!!
すごくいいかも♡

内装は店舗デザインをしている会社に依頼し、私たちの意見も合わせて雰囲気をまとめました
店主の舩橋さん
厨房スペース
照明にも注目！
店内のあちこちにふくろうのモチーフが
ショップスペース
奥様が好きな趣味の物を中心にセレクト。日本の古道具やフランス、イギリス、ハンガリー、ノルウェー各国の雑貨など
こちら側にも棚あり
テーブル
表のこの辺りに
P 2台
手描きの案内あり
（注．その後3台停められることになりました）
入口
ふくろうスペース
外からは見えませんが…
この辺りにうめちゃんとキャンディがいます

column 府中の公園遊具コレクション

一例
ライオンは
他の公園にも
います
武蔵台
南山堂薬局府中店のスペース
中河原
中河原公園
他の公園にもいます
紅葉丘第3公園
西原町
大道北公園
武蔵台2丁目付近の
都営アパートスペース
北山町
見返り坂公園
府中の森公園
郷土の森 交通遊園
栄町 栄町北公園
美好町公園
武蔵台
武蔵台公園

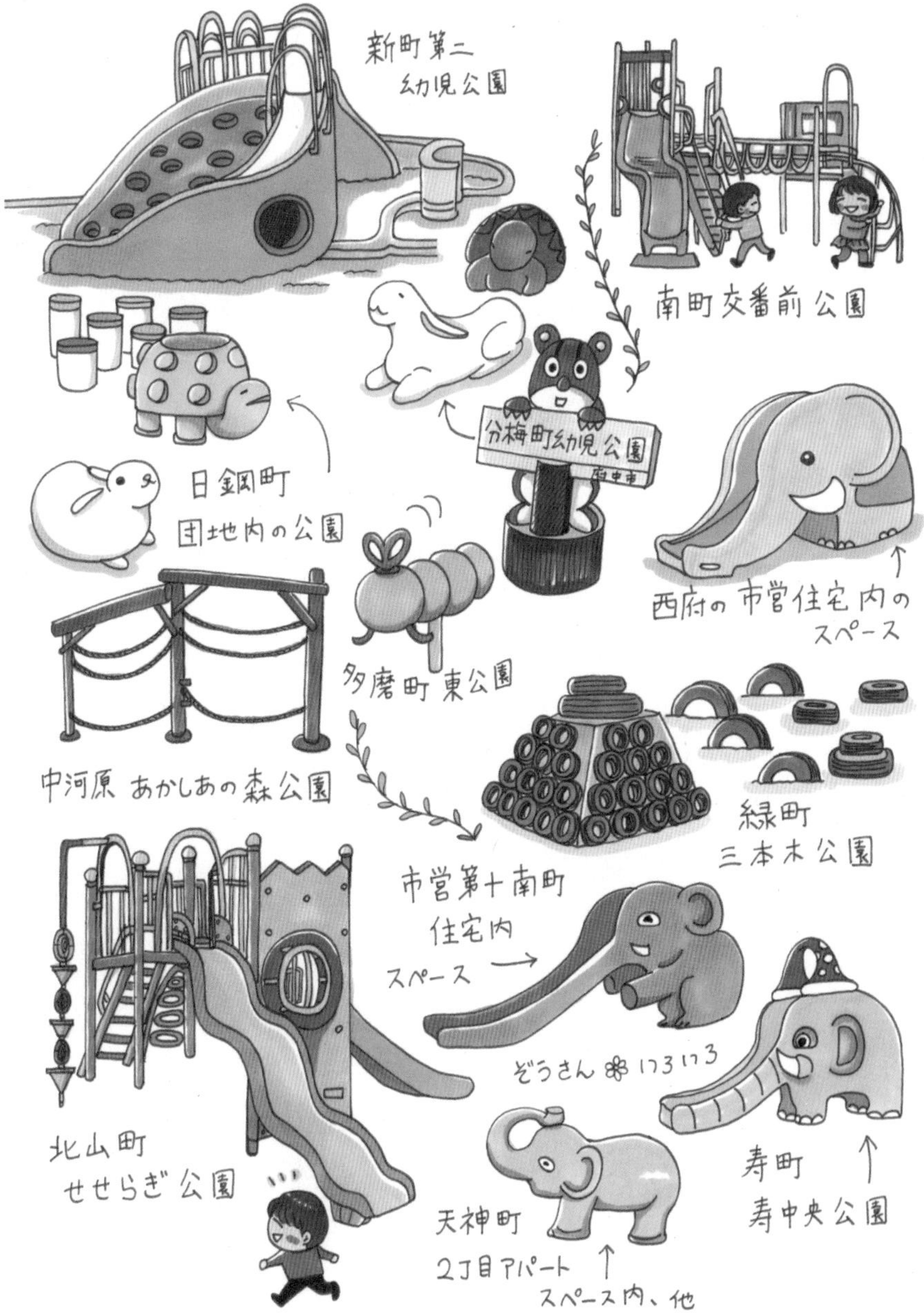
新町第二
幼児公園
南町交番前公園
分梅町幼児公園
府中市
日鋼町
団地内の公園
西府の市営住宅内の
スペース
多磨町東公園
中河原 あかしあの森公園
緑町
三本木公園
市営第十南町
住宅内
スペース
ぞうさん いろいろ
北山町
せせらぎ公園
寿町
寿中央公園
天神町
2丁目アパート
スペース内、他

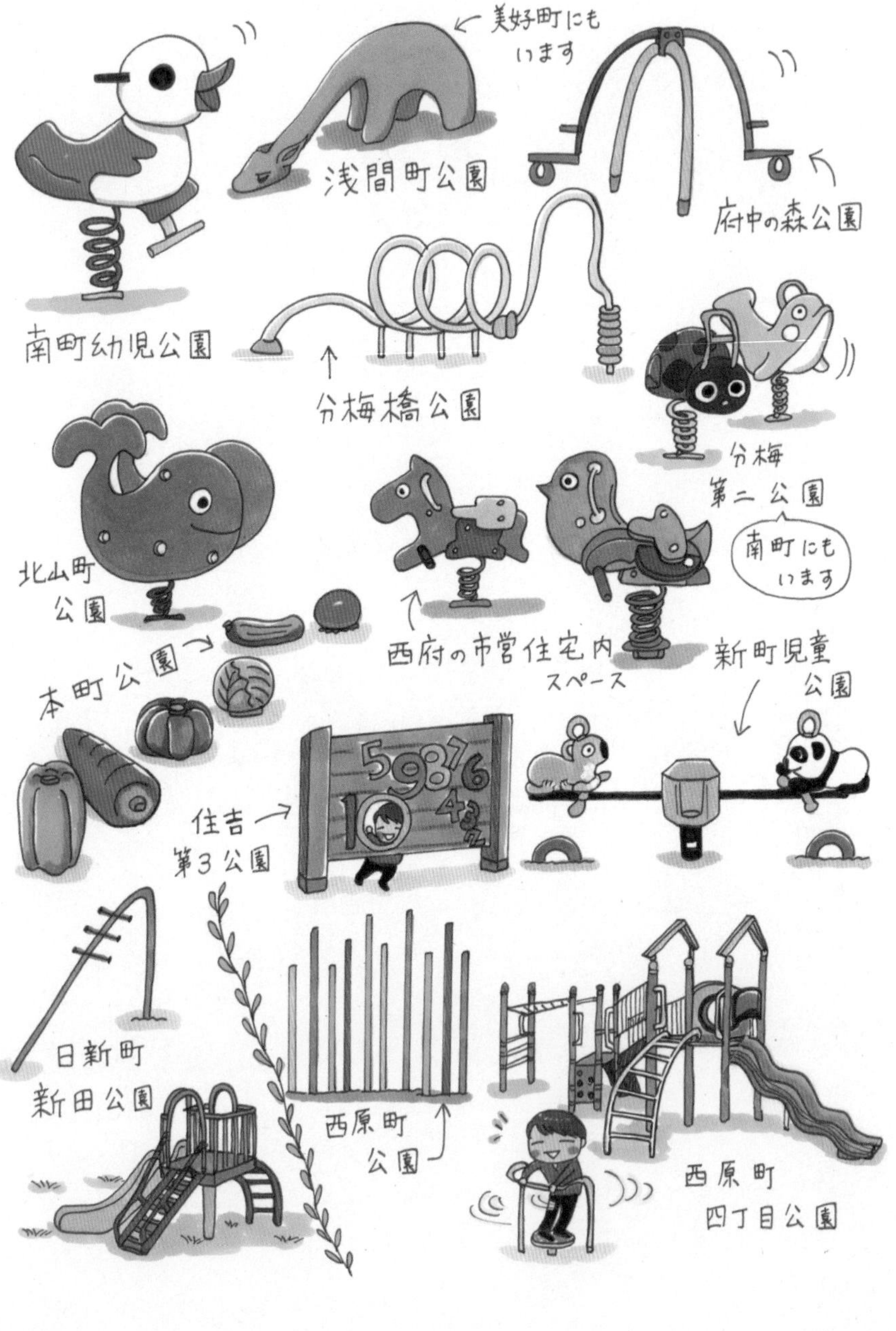
美好町にも
います
浅間町公園
府中の森公園
南町幼児公園
分梅橋公園
分梅
第二公園
南町にも
います
北山町
公園
本町公園
西府の市営住宅内
スペース
新町児童
公園
住吉
第3公園
日新町
新田公園
西原町
公園
西原町
四丁目公園

府中の森公園
紅葉丘
第2公園
紅葉丘
北公園
武蔵台
さんかく
公園
本町公園
競馬場
公園
白糸台公園
浅間山
飛地
（児童公園）
栄町
公園
JRA内の
広場
トイレ
スツール
西原
武蔵台
いろいろ
矢崎
多摩川南町公園の
かば
幸町公園のかば
明地信えさんの
作品です
清水が丘公園の
かば

※公園遊具は取材時（2019年秋〜2020年秋）のものです。

column 府中南部で見られる素敵な風景

四谷の三社宮神明社《さんしゃぐうしんめいしゃ》

天照皇大御神《あまてらすおおみかみ》と宇迦之御魂神《うかのみたまのかみ》と猿田彦命《さるたひこのみこと》の三柱の神様をお祀りしている神社です。

木もれ日がステキ
大変古くから四谷の守り神として祀られています

ご神木のケヤキは紅葉するととても綺麗です。

個人的に好きなのは白糸台四丁目付近、西武多摩川線の踏切への道。暗い森（木々）の中から明るい世界に出るような、どこか幻想的な光景です。

線路沿いには まむし坂とよばれる 坂もあります
昔はまむし等がいたらしい
通学路
踏切注意

※季節によって葉の量が変わると、光景が変化することがあります。

巻末付録①

絵地図ができるまでルポ

２０１４年から２０１６年まで、約３年間かけて府中市全体のイラストマップを作成しました。歩く速さで見つめた府中の街には、数多くの面白い発見と街の人々との楽しい交流がありました。巻末付録①では、そんな自然な感じの街の姿を、ルポ形式でお伝えします。

（府中市全体のイラストマップは、表紙カバーの裏に掲載されています。
原寸は縦が約１メートル60センチ、横が約３メートルの巨大な地図です）

街を歩いて気づいたこと

街を歩いていると、
人々の生活が
垣間見られます。

あらっ

ゴロゴロゴロゴロ
枝を切るおじさん
プルプル
台車にカートをのせて運ぶおばあさん
ぐっぐっ
おでん屋さん

農家の人
お豆腐屋さん
パープー
犬の毛をセット中
タイヤ
測定中

街では一人一人が
主人公。

しみじみ
どれもいとおしい

みんなの
日々の積み重ねが
街を作っている、
と思います。

中には「なんだ？」と
思うものもありますが……

なんだ その1
店先の甲冑《かっちゅう》
なんだ その2
ハニー
ハニーとヴァイオリンの店
なんだ その3
公園のオブジェたち
なんだなんだ…

謎が多いほど
街は面白いのです。

人々と交流してみた話

取材中は人々との交流も多いです。
書きっこー？
何してるのー
かきっこー？
散歩中の園児たち
はい
そうですよ
帰宅中の小学生
くもの巣さわっちゃったー
ベトベトー
こんにちはー
そうかー
行ってみると本当に書いてありました。
メメ町自治体地図
おおっ
平和だ…
平和な街だ
地図を描いていらっしゃるの？
あっちに大きいのがあるから
参考にするといいわ
住んでいる人の名前も書いてあるから
どうも
これは個人情報的にありえないだろうと思ったが…
時にはとても親切な方がいます。
逆に道を聞かれることもあります。
歯医者はどこですか
自転車屋さんありますか？
あー すみません…
？
困っている人々
こういう時
早く地図を完成させたいなー
あー ここか
……と、しみじみ思います。

五感で得られる情報いろいろ

街を歩く利点は、情報を五感で得られることです。

焼イモのにおいだ!!
イモっ
くんくん
ぐぃっ
この道ゴミ多いなー
くさっ
ゴミ
ゴミ
くさいけど銀杏キレイ
おでん
ぐつぐつ
ういーっ
もくもく
やきとり
わあ
うれしい
寒くないか？ストーブ使いな
ほらこれも食べな
発見!
この空気の違いもイラストでなら、表現できるな
!
平和だ…

だったり

おでんや焼き鳥の匂いに、生活の営みを垣間見たり……

一杯飲み屋さんに惹かれて試してみると……

一品サービスしてもらえました。

緑道や木々のある通りは、夏でも涼しくて歩きやすいです。

時には公園の柵に、民家の下着や野菜が干してあるなど……

牧歌的な情景に心なごみます。

街中でいろいろな体験をしてみる

再び五感の話
畳屋さんの前は井草の良い匂い。
たたみ
くんくん
夏の浅間山は、降って来そうなほどのセミの大合唱。
ミーーン
ミーン
ミーン
ミーン
すごいっ

お
のんびり散歩するアオサギに出会うことも。
こんもり
ぼくたちが集めたんです!!
ガーッ
すごいねー
キックスケーター
なるほど ケヤキの木は秋には遊び場に…
ガガガガガ
ギャー
すべり台
あ
ボトボトン
そして武蔵台公園でうっかり山に登ったら、どんぐりの攻撃を受けまくり、さらに山道に迷いました。心細く思っていたら、ようやく下界を発見。しかし降りる体力はもはやなし。するとそこにローラー滑り台があったので試してみると……
これがなかなかすごい振動だったりします。
ガガガガガ
ギャー
いいマッサージだったわ
うーん
カクカク
人生、何事も経験です。

霊園を歩いてみたら（その1）

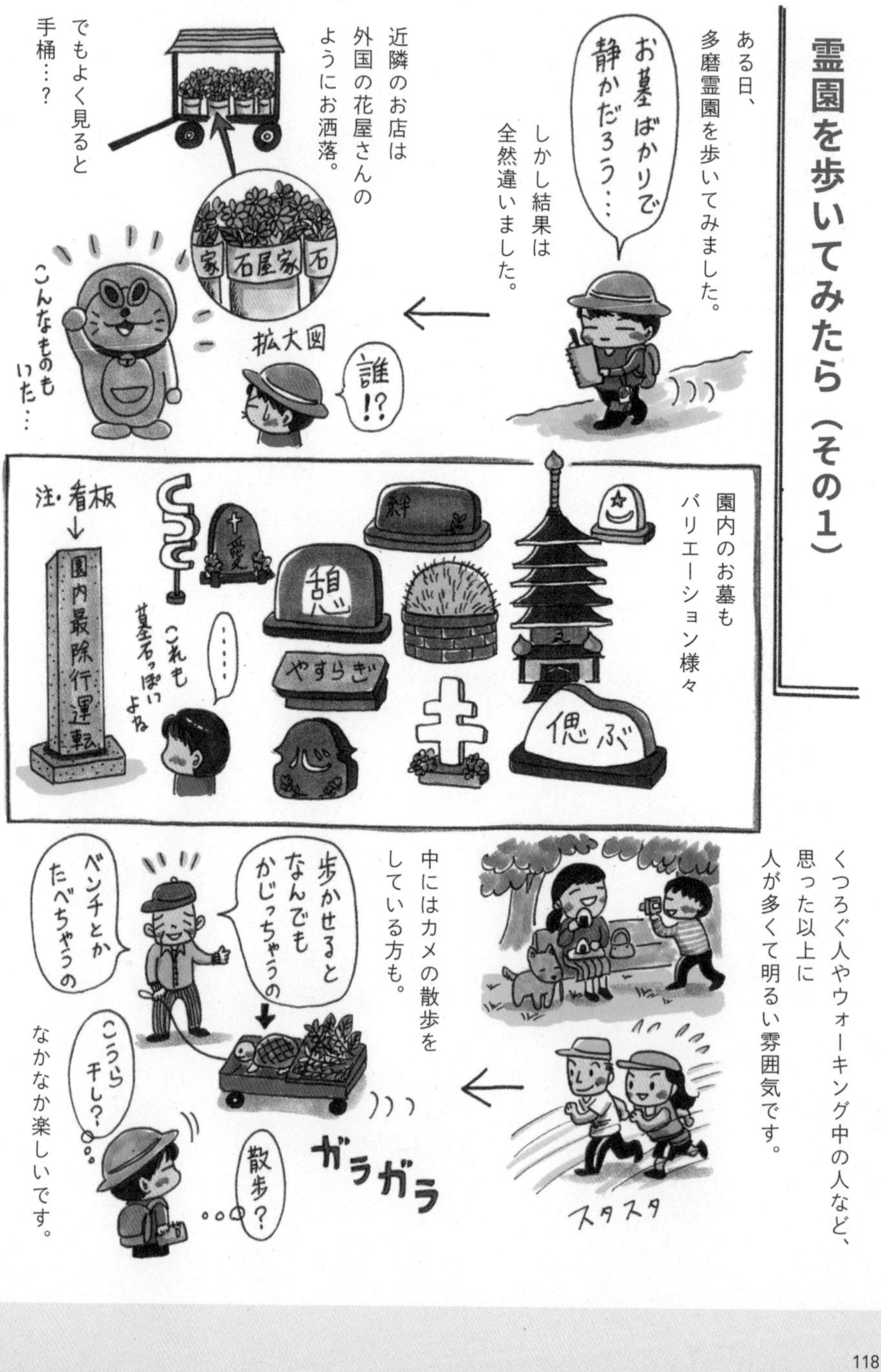
ある日、多磨霊園を歩いてみました。
お墓ばかりで静かだろう…
しかし結果は全然違いました。
近隣のお店は外国の花屋さんのようにお洒落。
家
石屋家
石
拡大図
誰!?
でもよく見ると手桶…?
こんなものもいた…
園内のお墓もバリエーション様々
絆
愛
憩
やすらぎ
心
偲ぶ
注・看板
園内最除行運転
……
これも墓石っぽいよな
くつろぐ人やウォーキング中の人など、思った以上に人が多くて明るい雰囲気です。
スタスタ
中にはカメの散歩をしている方も。
歩かせるとなんでもかじっちゃうの
ベンチとかたべちゃうの
こうら干し?
散歩?
ガラガラ
なかなか楽しいです。

霊園を歩いてみたら（その2）
ひき続き多磨霊園にて
散歩中の親切なおじいさんに出会いました。
道に迷ったのかい？
ついておいで
こっちの道がいいよ
山本五十六のお墓とかある
オレは五十六の葬儀に小学生の頃参列してねー
キャラメル一箱もらった
迷ってないけど従うことにした
近所の方らしい
貴重なお話です。
確かに園内は広いので、迷っている人も多いです。
どこか覚えてる？
？
えーっどこだろう
全然わかんない
歩くだけで4時間かかった…
中にははぐれた人も。
それじゃさっきの人かしら
上が白いシャツで下が黒いズボンだった人よ！
ああ
8割方そういう格好では…
それでけっこう太ってた!!
説明がどんどんひどくなっている
……
もしかしたら普通の道よりも、活気があるエリアかもしれません。
緑も桜もキレイよね
正門の交番には浅間山に登れない人のために、ムサシノキスゲが鑑賞できる鉢がありました。
ムサシノキスゲ
優しい場所でもあります。

イラストで街を描くということ

時々、
なぜイラストマップを描くのか…
と質問を受けます。

雑誌の取材中
えーと

史学科出身のせいか、
記録を残したいという
思いが強いのかも
しれません。

開発
災害
戦争
古い地図
街は
常に変わっていくのよ

人々の日々の営みや、
積み重ねてきた時間、
そこから生じる味わい……

そのささやかで
移ろいやすい記録を、
形として残したい。

やあ
何してるの一
知人

歴史物や
立体建造物も
組み合わせて
メリハリつけよう
とりの目
むかしの目

地図の情報は古くなっても
それはそれで歴史地図として
価値がある
ので

時空と次元を
一枚の紙の上に
自在に取り込めるのも、
イラストの強みです。

これからも色々な形で、
街を描き続けて
いきたいと思っています。

街を
描くのは
楽しいです

府中にあった懐かしい建物（一例）

巻末付録② 懐かしい街並みを描いて

　昔、府中の駅前にはたくさんの路地がありました。そこに連なる様々な店舗は、どこも賑やかな活気にあふれていました。おでん種を売る店、子供服の専門店、食堂、おもちゃ屋さん、下駄屋さんに和菓子屋さん、そして映画館も。目を閉じると今も、歩き慣れたその道が脳裏に浮かびます。街はその後も少しずつ姿を変え、時代に応じた店舗や風景を生み出し続けました。

　近年は再開発が行われ、大規模な変化を遂げた府中駅前。懐かしい道も建物も、今はもうありません。

　ある時、不意に今の街の姿はその時々に描いて残さないと、資料も乏しくなり記憶からも薄れていってしまうことに気付きました。思わず筆をとって描いた「府中駅南口商店街おもいでマップ」はその後、私が府中の街を描き続けるきっかけの一つになりました。街はこの先も発展や変化を続けていくと思いますが、懐かしい風景は絵の中にあります。

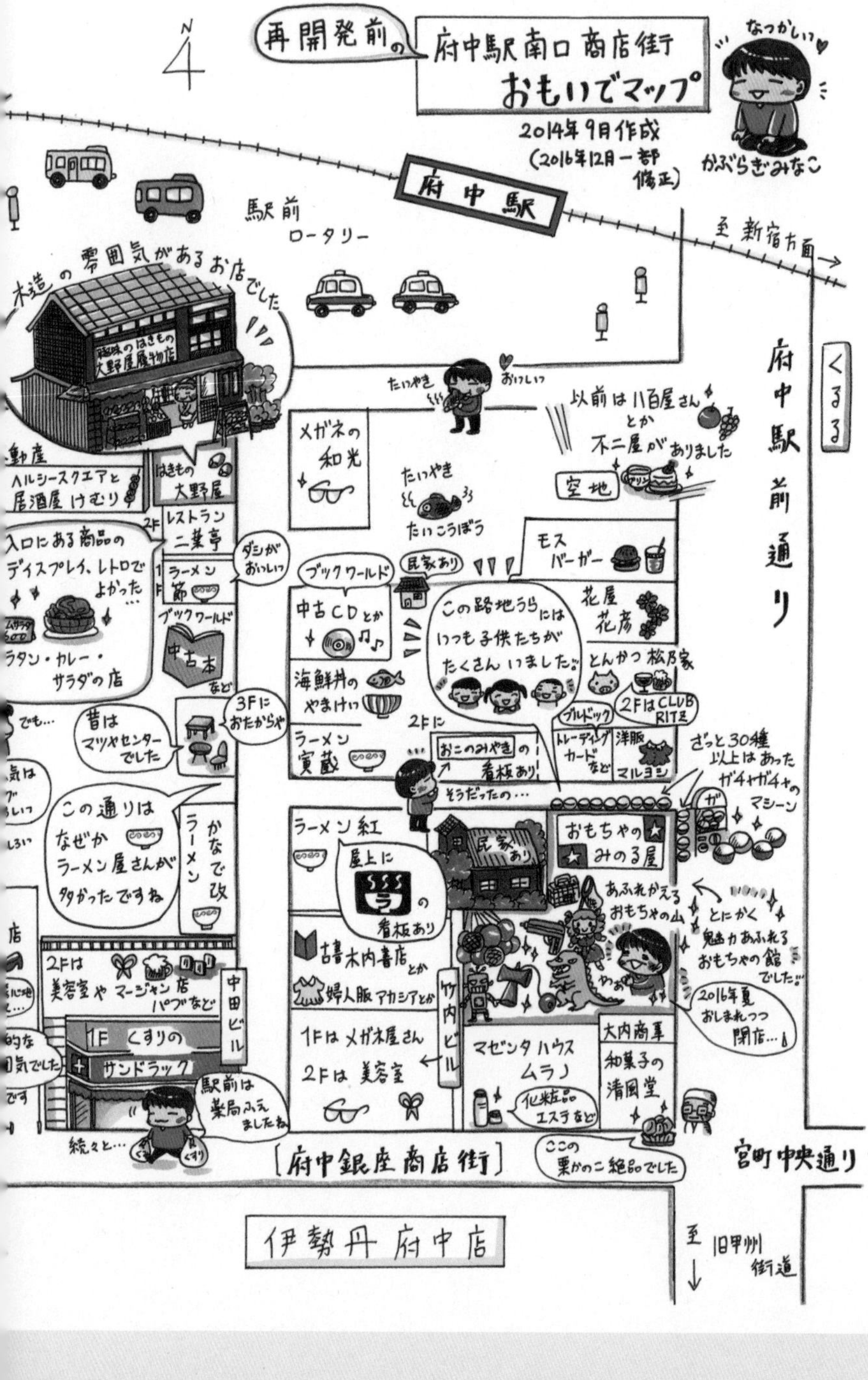
N
再開発前の
府中駅南口商店街
おもいでマップ
2014年9月作成
（2016年12月一部修正）
なつかしい♥
かぶらぎみなこ
府中駅
駅前
ロータリー
至 新宿方面
木造の雰囲気があるお店でした
趣味のはきもの
大野屋履物店
はきもの
大野屋
ヘルシースクエアと
居酒屋けむり
2F
レストラン
二葉亭
入口にある商品の
ディスプレイ、レトロで
よかった…
グラタン・カレー・
サラダの店
1F
ラーメン
節
ダシが
おいしい
ブックワールド
中古本
など
3Fに
おたからや
昔は
マツヤセンター
でした
この通りは
なぜか
ラーメン屋さんが
多かったですね
ラーメン
かなで改
2Fは
美容室や マージャン店
パブなど
中田ビル
1F くすりの
サンドラック
駅前は
薬局ふえ
ましたね
続々と…
メガネの
和光
たいやき
たいやき
たいこうぼう
たいやき
おいしい
以前は八百屋さん
とか
不二屋がありました
空地
モス
バーガー
民家あり
ブックワールド
中古CDとか
この路地うらには
いつも子供たちが
たくさんいました
花屋
花彦
とんかつ 松乃家
海鮮丼の
やまけい
2FはCLUB
RITZ
ブルドック
トレーディング
カードなど
洋服
マルヨシ
2Fに
おこのみやきの
看板あり
ラーメン
寅蔵
そうだったの…
ざっと30種
以上はあった
ガチャガチャの
マシーン
ラーメン紅
民家あり
屋上に
ラ
の
看板あり
おもちゃの
みのる屋
あふれかえる
おもちゃの山
とにかく
魅力あふれる
おもちゃの館
でした
わぁ
2016年夏
おしまれつつ
閉店…
古書木内書店とか
婦人服アカシアとか
竹内ビル
1Fはメガネ屋さん
2Fは美容室
マゼンタハウス
ムラノ
化粧品
エステなど
大内商事
和菓子の
清風堂
ここの
栗かのこ絶品でした
府中駅前通り
くるる
府中銀座商店街
宮町中央通り
伊勢丹府中店
至 旧甲州街道

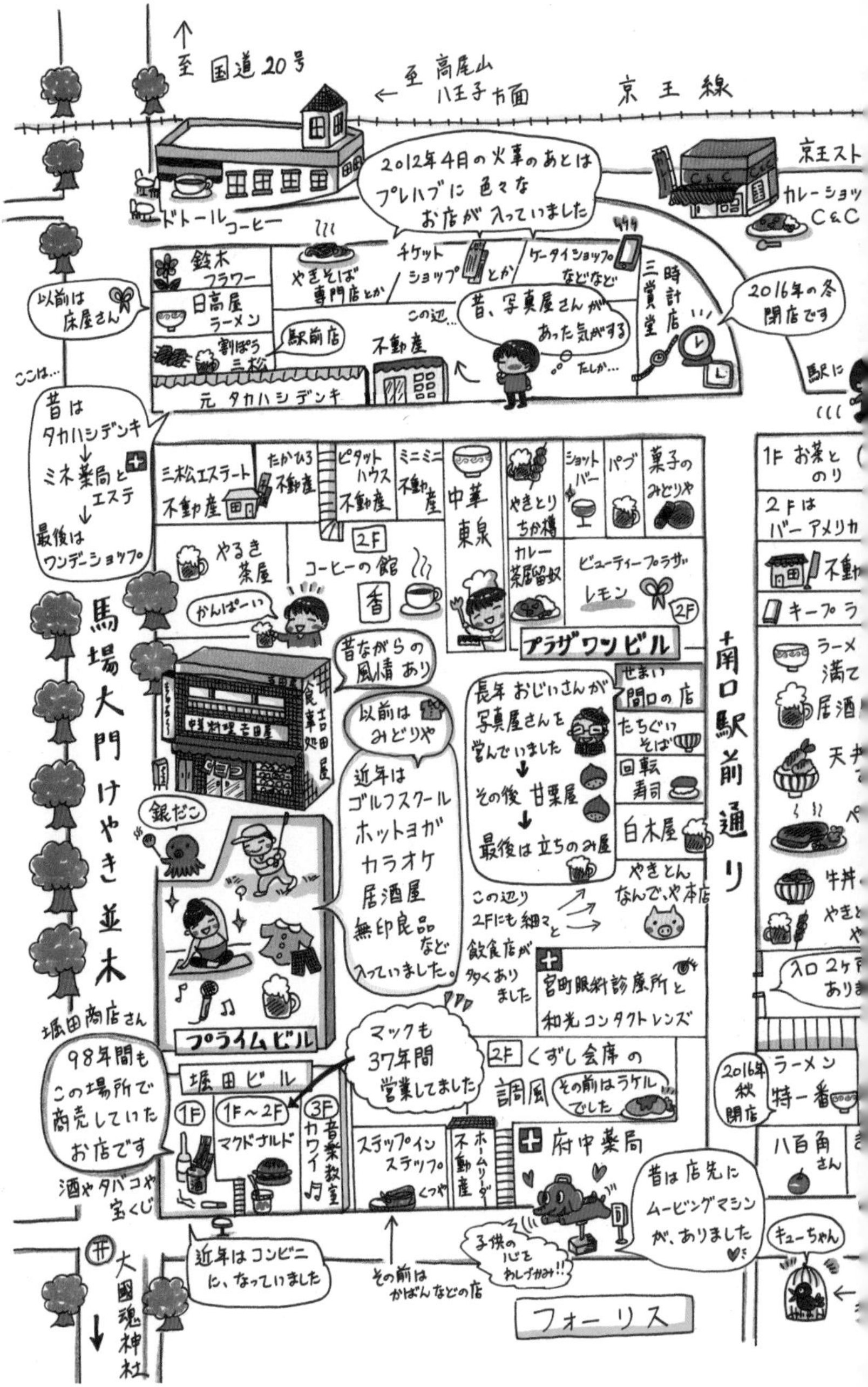

至国道20号
←至 高尾山 八王子方面
京王線
ドトールコーヒー
2012年4月の火事のあとは プレハブに色々な お店が入っていました
京王スト
カレーショップ C&C
鈴木フラワー
やきそば専門店とか
チケットショップとか
ケータイショップなどなど
三時計賞堂店
2016年の冬閉店です
以前は床屋さん
日高屋ラーメン
割ぽう三松
駅前店
この辺…
不動産
昔、写真屋さんがあった気がする
たしか…
元 タカハシデンキ
駅に
ここは…
昔は タカハシデンキ ↓ ミネ薬局とエステ ↓ 最後はワンデーショップ
三松エステート不動産
たかひろ不動産
ピタットハウス不動産
ミニミニ不動産
中華東泉
やきとりちか構
ショットバー
パブ
菓子のみどりや
1F お茶とのり
2Fは バーアメリカ
やるき茶屋
2F
コーヒーの館
香
カレー茶居留奴
ビューティープラザ レモン
2F
かんぱーい
プラザワンビル
キープ
馬場大門けやき並木
昔ながらの風情あり
中華料理吉田屋
食事処吉田屋
以前はみどりや
近年は ゴルフスクール ホットヨガ カラオケ 居酒屋 無印良品 など 入っていました。
長年おじいさんが写真屋さんを営んでいました ↓ その後甘栗屋 ↓ 最後は立ちのみ屋
せまい間口の店
たちぐいそば
回転寿司
白木屋
南口駅前通り
銀だこ
やきとん なんでや本店
この辺り2Fにも細々と飲食店が多くありました
宮町眼科診療所と和光コンタクトレンズ
入口2ヶ所あります
プライムビル
堀田商店さん
98年間もこの場所で商売していたお店です
マックも37年間営業してました
2F くずし会席の調風
その前はラケルでした
堀田ビル
1F
1F〜2F マクドナルド
3F 音楽教室カワイ
ステップインステップ くつや
ホームリーダー不動産
府中薬局
昔は店先にムービングマシンが、ありました
子供の心をわしづかみ!!
2016年秋閉店
ラーメン特一番
八百角さん
キューちゃん
酒やタバコや宝くじ
近年はコンビニに、なっていました
その前はかばんなどの店
フォーリス
大國魂神社

おわりに

街を描くということ。

これは結構難しいテーマかもしれません。

なぜなら街は生き物みたいに日々いろいろな物事が活性化して、絶えず姿を変えています。また多くの人の想いも含まれているので、とても一言では語りきれないエネルギーにあふれているからです。

長い歴史の中で、街は天災や戦争、ウイルス、そして都市開発など、様々な理由によって姿を変えてきました。またこの街で暮らす人、働く人、学ぶ人、そうした人々の営みが、時間をかけて静かに優しくこの街の色を作ってきた様に思います。

描きながら何度も、この街を大切に想い、生活を守っている人々の気持ちを感じました。

だからこそ、今この瞬間に出会った貴重な光景や人々の事を描き留めておきたい、伝えたい、そんな想いを込めて本書の制作を進めました。

この本の企画が出たのは2019年の夏でした。当時はまだ世の中が穏やかで、街を描くといっても楽しく紹介するような感じかな、とイメージしていました。しかしその後、新型コロナウィルスの影響を受け、取材や執筆作業が困難を極め、無事に出版できるかどうかも懸念される状況になってしまいました。そして、その間に街や人々の生活も大きく変化していったのです。

私自身も描きながら、単に街の紹介ではなく、イラストを通じて街を応援したり、記録を残せたらという想いが強くなったように感じます。本当に街が刻々と姿を変える様を、これほど痛感した時はありませんでした。

また府中の街を語る上で絶対に欠かせないのは、やはり街の中心部にあり長い歴史を誇る、大國魂神社の例大祭「くらやみ祭」です。しかしあまりにも膨大な情報量を持つこのお祭りのことは、本書ではあえて簡単な説明のみに留めさせて頂きました。お祭りの詳細に関しては著書『1000年以上つづく例大祭 くらやみ祭ってナンだ？』を、ご参照頂けましたら幸いです。併せて読むと、より一層この街の魅力に迫れると思います。

東京都府中市は、独自の文化を持った自然が美しい街です。

まだまだたくさんご紹介したいことはありますが、紙面の都合上、今回描き切れなかった部分や店舗に関しては、ご容赦頂ければと思います。最後に取材にご協力下さいました多くの方々と、本書を手に取ってくださった読者の皆様に深謝いたします。

2021年春　かぶらぎみなこ

本書の制作にあたり、次の機関及び各位にご協力賜りました。
厚く御礼申し上げます。

協力者一覧

協力者名（敬称略・五十音順）

朝倉武夫　阿部敬一　阿部好法　阿部とし子　池田和久　石塚栄子　上田健太郎
大室元　小澤美香　小澤量　小野一之　加藤祐子　蕪木修一　蕪木淳二　蕪木富子
鴨下祐幸　高坂香　齋藤善寛　佐藤善久　下山善則　新藤ももみ　須藤弘　中野寿仁
橋口武彦　英太郎　舩橋直世　堀江治紀　松野知子　松野英夫　御園生みのり
宮川亜弓　吉垣親伸　吉垣知代子

協力機関名（敬称略・五十音順）

株式会社青木屋　東京外国語大学　府中観光協会
府中市郷土の森博物館　府中市生活環境部観光プロモーション課
府中市都市整備部公園緑地課　府中市文化スポーツ部ふるさと文化財課
武蔵総社 大國魂神社　明星中学校・高等学校

Special thanks（敬称略・五十音順）

蕪木睦　蕪木理乃　蕪木隆二　近藤哲也　鈴木梢　関谷昴　髙井順子　竹中裕晃
土屋佳子　比留間康夫　廣瀬健

参考文献

『小豆の歌が聞こえる～和菓子一筋・加藤次郎伝～』
『調布飛行場にも掩体壕があった』古橋研一（みんな新聞社　2003年刊）
『府中・調布本』（枻出版社　2015年刊）
『府中市郷土の森博物館　がいどぶっく』（府中市郷土の森博物館編　2017年刊）
「府中市観光PR冊子　府中に夢中」府中観光協会／府中市
「むさしのくに　てくてくごよみ　歳時記であるく府中・国分寺」
（国分寺・府中観光振興連絡協議会）

「くらやみ祭」1000年以上の歴史が一冊の本に！
東京都の小学校教科書の副読本にもイラストが掲載！

府中生まれ、府中育ちの著者による
イラスト満載のガイドブック！

1000年以上つづく例大祭
くらやみ祭ってナンだ？

著	かぶらぎみなこ
定価	本体1800円＋税
判型	A5判（ソフトカバー）
頁数	144P
ISBN	978-4-909842-02-2

「くらやみ祭」とは？

東京都府中市にある西暦111年起源の大國魂神社で毎年5月に開催されるお祭りです。1000年を超える伝統と格式のある例大祭で、「武蔵府中くらやみ祭」として東京都指定無形文化財にも登録されています。かつては街の明かりを消した深夜の暗闇の中で行われていたため「くらやみ祭」と呼ばれるようになりました。

絵と文

かぶらぎみなこ

イラストレーター。東京都府中市出身。國學院大學卒業。書籍のほか、絵地図やポスター、ルポ、CD ジャケット、挿絵の制作など幅広い媒体で活動中。著書に『親が倒れた日から、いつかくる…その日まで。かぶらぎさん家のケース』（TO ブックス）『1000 年以上つづく例大祭　くらやみ祭りってナンだ？』（遊泳舎）がある。

【HP】http://www1.u-netsurf.ne.jp/~kabukabu/

FUCHU illustration GUIDE BOOK

府中まちあるきイラストガイド

2021 年 5 月 5 日　初版第 1 刷発行

著　かぶらぎみなこ

編集　中村徹

発行者　中村徹

発行所　株式会社 遊泳舎

TEL / FAX　0422-77-3364
E-mail　info@yueisha.net
URL　http://yueisha.net

印刷・製本　シナノ印刷株式会社

Printed in Japan　ISBN 978-4-909842-07-7 C0026
定価はカバーに表示してあります。